Oliver Schröter

111 Orte in Leipzig, die man gesehen haben muss

emons:

Bibliografische Information der Deutschen Nationalbibliothek
Die Deutsche Nationalbibliothek verzeichnet diese Publikation
in der Deutschen Nationalbibliografie; detaillierte bibliografische
Daten sind im Internet über http://dnb.d-nb.de abrufbar.

© Emons Verlag GmbH
Alle Rechte vorbehalten
Gestaltung: Eva Kraskes, nach einem Konzept
von Lübbeke | Naumann | Thoben
Kartografie: Regine Spohner
Druck und Bindung: Grafisches Centrum Cuno, Calbe
Printed in Germany 2014
Erstausgabe 2012
ISBN 978-3-89705-910-8
Aktualisierte Neuauflage November 2014

Unser Newsletter informiert Sie
regelmäßig über Neues von emons:
Kostenlos bestellen unter
www.emons-verlag.de

Vorwort

An welchem Ort in Leipzig muss man ein Bier getrunken haben, bevor man stirbt? Was lief zwischen Carlos, dem Schakal, und Frau Krause aus Connewitz? Welcher Ort zieht trotz üblen Gestanks massenweise Brautpaare an? Und was hat Richard Wagner mit einem Parkhaus zu tun? Wer die 111 in diesem Buch vorgestellten Leipziger Orte besucht, findet nicht nur Antworten auf diese Fragen, sondern wird beginnen, eine der interessantesten Städte Deutschlands zu verstehen.

Die Auswahl der Häuser, Straßen, Viertel, Seen, Flüsse, Brücken, Kneipen und Parks soll das Wesen der Stadt, wie es heute lebt und atmet, zeigen, nicht bis ins historische Detail, aber lesbar, erlebbar und nah dran. Mit spannenden Geschichten, skurrilen Begebenheiten, einer Portion Drama, etwas Romantik, mit Informationen, Bildern und umfangreichen Karten.

Dieses Buch soll Ihnen den Weg leuchten zum vermeintlichen Beweis für die Rettung der Titanic, zum vergessenen Gästehaus des Ministerrates der DDR, zum Knick im malerischen Alten Rathaus, zum wunderschönen Südfriedhof, ins Rosental, auf den Wackelturm, unter den Bayerischen Bahnhof, zu Dr. Schreber und seinem unglücklichen Sohn, auf die MS Weltfrieden, in den Ballroom, in viele Museen und immer wieder aufs Wasser.

Mit Hilfe dieses Buches kann man Leipzig zu Fuß, mit dem Rad, der Straßenbahn, dem Auto oder eben im Boot entdecken und erleben. Allein, in Familie oder mit Gästen, als Einheimischer, Zugezogener oder als Tourist. 111 Orte für Abenteurer, Freizeitplaner, Kulturinteressierte und Kneipengänger. 111 spannende, lebendige, geheimnisvolle Orte in Leipzig, die man gesehen haben muss.

111 Orte

1___ Die Agra
    Grufti schlägt Bauer | 10

2___ Der Agra-Park
    Vom Sommersitz zum Messegelände | 12

3___ Das Ägyptische Museum
    Von der Pyramide in Leipzigs erstes Hochhaus | 14

4___ Die Albertina
    Museale Schätze im Schmuckkästchen, lebendige Studenten | 16

5___ Der Alfred-Kunze-Sportpark
    Leutzsch, hier schlägt das Fußballherz | 18

6___ Die Alte Messe
    Freilichtmuseum auf dem Weg in die Zukunft | 20

7___ Die Apelsteine
    Schachbrett der Völkerschlacht | 22

8___ Das Apothekenmuseum
    Der Siegeszug der Homöopathie | 24

9___ Der Auenwald
    Märchenwald mit City-Anbindung | 26

10___ Der Aussichtsturm Bistumshöhe
    Ein Ort zum Durchatmen | 28

11___ Der Bayerische Bahnhof
    Bewegte Geschichte im wahrsten Sinne | 30

12___ Das Bildermuseum
    Atemberaubende Durchblicke in Sichtbeton | 32

13___ Die Blechbüchse
    Zu viel Geschichte für einen Ort | 34

14___ Der Botanische Garten
    Eine Insel | 36

15___ Der Bowlingtreff
    Trauriges Denkmal mit Perspektive | 38

16___ Die Brücke im Johannapark
    Viva Las Leipzig | 40

17___ Das Bundesverwaltungsgericht
    Bewegender Prunkbau mit bewegter Vergangenheit | 42

18___ Die Buntgarnwerke
    Luftig im Loft – die Zeiten ändern sich | 44

19 — Das City-Hochhaus
Auf den Zahn | 46

20 — Der Citytunnel
Ein Loch braucht man doch | 48

21 — Der Clarapark
Bitte treten Sie auf den Rasen | 50

22 — Conne Island
Die Insel basisdemokratischer Subkultur | 52

23 — Der Cospudener See
Vom Tagebaurestloch zur Costa Cospuden | 54

24 — Da Capo
Sammlung für Entdecker, Tagungen und Feiern | 56

25 — Das »Zum Wilden Heinz«
Für mich und dich und den Ziegenbock | 58

26 — Das Deutsche Kleingärtnermuseum
Lieber ein Kleingarten als kein Garten | 60

27 — Die Deutsche Nationalbibliothek
20 neue Regalmeter am Tag | 62

28 — Das Doppel-M
Mehr als ein Logo | 64

29 — Drallewatsch
Die zentrale Kneipenautobahn | 66

30 — Die drei Gleichen
Bronze, Silber und Gold | 68

31 — Der Elstermühlgraben
Verschüttete Seele wieder freigelegt | 70

32 — Die Erlöserkirche
Moderner Neubau als Happy End | 72

33 — Die Evangelisch-reformierte Kirche
Die Welt blickt aus dem Turmfenster | 74

34 — Die Feinkost
Niemand hat vor, einen Büroturm zu errichten | 76

35 — Der Felsenkeller
Dorfkneipe, Versammlungssaal, Möbelhaus | 78

36 — Der Fockeberg
Gute Aussicht vom Trümmerhaufen | 80

37 — Frau Krause
Zeitreise bei Bier und gebratenem Käse | 82

38 — Die Galerie für Zeitgenössische Kunst
Kunst zum Gucken, Trinken und darin Übernachten | 84

39 — Die Galopprennbahn Scheibenholz
Alter Adel, Neureiche und regionale C-Prominenz mit Hut | 86

40 — Das Gästehaus des Ministerrates
Die Herren baten zu Tisch | 88

41 — Die Gedenktafel Leopoldstraße
Tödliche Schüsse im Bermudadreieck | 90

42 — Die Georg-Schumann-Straße
Urbanes Sorgenkind mit Potenzial | 92

43 — Der Gewässerknoten
Mit dem Boot in die Stadt | 94

44 — Das Gohliser Schlösschen
Rokokokleinod mit Geschichte | 96

45 — Die Gosenschenke
Trinken ganz ohne Bedenken | 98

46 — Die Gottschedstraße
Zeitgeschichte und Kneipe, Seite an Seite | 100

47 — Das Grassimuseum
Ein Ort, drei Museen | 102

48 — Der Hauptbahnhof
Der angebohrte Kopfbahnhof | 104

49 — Die Haustierfarm
Das Leben auf dem Bauernhof | 106

50 — Die Hinrichtungsstätte
Das Gebot sozialistischer Gerechtigkeit | 108

51 — Der Jägerhof mit Passage Kinos
Spannende Passage mit bewegtem Inhalt | 110

52 — Der Johannapark
Der Park der unglücklichen Johanna | 112

53 — Der Kanupark Markkleeberg
Extrem schöner Extremsport | 114

54 — Die Karli
Alternative Kneipenautobahn | 116

55 — Das Kindermuseum Unikatum
Gesellschaftliche Grenzen einreißen | 118

56 — Der Knick im Alten Rathaus
Wer findet den Fehler? | 120

57 — Der Kohlrabizirkus
Konkurrenz für den Petersdom | 122

58 — Die Könneritzbrücke
Ist es die da? | 124

59___ Der Kulkwitzer See
Naherholung zwischen Tagebau und Plattenbau | 126

60___ Die MS Weltfrieden
Mit dem Minenleger auf verträumten Wasserwegen | 128

61___ Der Lindenauer Hafen
Der Unvollendete wird erweckt | 130

62___ Der Louise-Otto-Peters-Platz
Leipzigs ältester Spielplatz | 132

63___ Lurgensteins Steg
Urbane Kanalerfahrung | 134

64___ Der Mendebrunnen
Der Fels in historischer Brandung | 136

65___ Die mondäne Ferdinand-Lassalle-Straße
Gründerzeit, SPD-Gründervater und Tod durch Duell | 138

66___ Die Moritzbastei
Ausgegraben aus Ruinen | 140

67___ Die Münzgasse
Entspannte Abfahrt von der Kneipenautobahn | 142

68___ Das Museum für Druckkunst
Sehen, Riechen, Anpacken | 144

69___ Das Musikviertel
Bedeutsamer Inhalt, wunderschöne Fassaden | 146

70___ Die naTo
Kulturmotor läuft seit 30 Jahren | 148

71___ Das neue Bachdenkmal
Der vergessene Ba-Rockstar | 150

72___ Die neue Leipziger Messe
Erst Mustermesse, jetzt Messe nach Maß | 152

73___ Das Neue Rathaus
Eine Burg bleibt eine Burg | 154

74___ Die Nikolaisäule
Die klassizistische Palme als Freiheitsbaum | 156

75___ Noels Ballroom
There are no strangers here | 158

76___ Das obere Elsterwehr
Romantischer Funktionsbau mit gewaltiger Anziehung | 160

77___ Der Palmengarten
Ein Park für die gehobene Gesellschaft | 162

78___ Das Panometer
Eintauchen in eine andere Welt | 164

79 — Der Park Abtnaundorf
Sentimentaler Geheimtipp | 166

80 — Die Parkbühne Geyserhaus
Pippi Langstrumpf und Rock 'n' Roll | 168

81 — Die Parkeisenbahn Auensee
Thälmannpioniere abgedampft | 170

82 — Die Passagen und Höfe
Trockenen Fußes durch die City | 172

83 — Das Paulinum
Erinnerung kann man nicht sprengen | 174

84 — Die Peterskirche
Der höchste Kirchturm der Stadt | 176

85 — Der Promenadenring
Lebendige Leipziger und viele Bronzeköpfe | 178

86 — Das Psychiatriemuseum
Die Geschichte des Irr-Sinns | 180

87 — Die Red Bull Arena
Alles neu im alten Oval | 182

88 — Der Richard-Wagner-Hain
Federball und Hörspielsommer | 184

89 — Das Ring-Café
Das Herz der Trutzburg | 186

90 — Das Riquet-Haus
Vom Sonnenkönig zu Goethe | 188

91 — Das Rosental
Weiter Blick in die Stadt | 190

92 — Die Runde Ecke
Blick in die Abgründe | 192

93 — Die Russische Gedächtniskirche
Die schöne Schwester des Völkerschlachtdenkmals | 194

94 — Die Sachsenbrücke
Verlängerte After-Work-Party am Park-Highway | 196

95 — Der Sowjetische Pavillon
Vom Sportpalast zur Messehalle | 198

96 — Die Spinnerei
The hottest Place on Earth | 200

97 — Das Stadtbad
Sinfonie in Blau und Gold | 202

98 — Der Südfriedhof
Riesige Parkanlage voller Geschichten | 204

99 — Sweetwater
Spiel mir das Lied vom Eigenheim | 206

100 — Das Theater der Jungen Welt
Modernes vom ältesten seiner Art | 208

101 — Die Uni
Moderne Hochschule mit 600 Jahren Geschichte | 210

102 — Das UT Connewitz
Wiederbelebtes Lichtspielhaus | 212

103 — Das Vogelhaus im Zoo
Entspannend Altmodisches statt Zukunft | 214

104 — Das Völki
Der Bau zur Schlacht | 216

105 — Der Wackelturm
Wackliger Blick übers Rosental | 218

106 — Das Waldstraßenviertel
Gebrochene Gründerzeitidylle | 220

107 — Der Wasserspielplatz
Nervenkitzel für Kinder und Eltern | 222

108 — Das Werk 2
Industrieromantische Kulturfabrik | 224

109 — Das Westin
Die Japaner waren's | 226

110 — Das Westwerk
Am Puls des neuen Leipzig | 228

111 — Der Wilhelm-Leuschner-Platz
Yeah, Yeah, Yeah | 230

1 Die Agra
Grufti schlägt Bauer

Unter Agra kann man vieles verstehen, und begibt man sich auf die Suche nach ebendieser, kann man auch vieles finden. Da wäre einerseits die Mitteldeutsche Landwirtschaftsausstellung. Die ist der Nachfolger der gleichnamigen Messe der DDR-Bauern, findet aber eben nicht mehr auf dem Agra-Gelände statt, sondern auf der Neuen Messe.

Sucht man aber die Agra, so wie sie der Leipziger kennt, muss man sich weit in den Südosten der Stadt begeben, bis nach Dölitz. Da findet sich das etwa 90 Hektar große Gelände, das auch heute noch nach dem Zweck seiner Entstehung benannt ist. Hier präsentierte ab den späten Sechzigern die Obrigkeit des Arbeiter- und Bauernstaates die Kompetenz im Bereich der Landwirtschaft und zeigte den Brüdern aus dem Ostblock, was man so hatte.

Heute steht das ehemalige Messegelände mit seinen riesigen Hallen und den großen Außenflächen, neben verschiedenen anderen Veranstaltungen, einerseits für einen der größten Flohmärkte des Landes: Einmal im Monat kann man hier antike Schätze, aber auch wurmzerfressenen Sperrmüll kaufen. Hier richten sich Studenten die WG-Küche mit wackligen Stühlen ein, hier begeben sich aber auch Sammler auf die Suche nach teuren Antiquitäten.

Andererseits zieht die Agra jedes Jahr internationales Fachpublikum an, allerdings nicht aus dem Bereich des Ackerbaus: Das Wave-Gotik-Treffen, kurz WGT, spült immer zu Pfingsten die Anhänger der schwarzen Szene in all ihren verrückten Ausprägungen nach Leipzig zum weltweit größten Festival dieser Art. Die Veranstaltungsorte sind mittlerweile über das ganze Stadtgebiet verteilt, im Zentrum steht aber nach wie vor die Agra. Wenn sich dann am sonnigen Sonntagnachmittag Mutti und Vati mit der Kleinbildkamera auf die Jagd nach präsentationsfreudigen WGT-Besuchern in wilden Fetisch-Outfits begeben, dann ist das mit das Skurrilste, was Leipzig in der Jetztzeit zu bieten hat.

Adresse Bornaische Straße 210, 04279 Leipzig (Dölitz-Dösen) | **ÖPNV** Straßenbahn 11, Haltestelle Dölitz, Straßenbahnhof | **Tipp** Nördlich an das Messegelände grenzt das Dölitzer Holz mit dem Dölitzer Torhaus. Als einziger baulicher Rest des ehemaligen Schlosses beherbergt es heute eines der größten deutschen Zinnfigurenmuseen.

2 Der Agra-Park
Vom Sommersitz zum Messegelände

Zwischen Wiesen, Teichen und Pavillons überquert man im Agra-Park die Grenze zwischen Leipzig und Markkleeberg entlang des historischen Pleißeverlaufs. Ein integrativer Ort für die Großstadt und ihren kleinen Nachbarn. Die verschiedenen Gestaltungsphasen des Parks erzeugen eine ungewöhnliche Spannung. Durchschnitten wird diese reizvolle und besondere Parklandschaft auf einer Länge von 360 Metern und einer Breite von 24 Metern durch die hässliche Hochstraßentrasse der B 2.

Doch der Reihe nach: Am Anfang war Paul Herfurth, Leipziger Verleger und Politiker. Der wohnte zwar recht hübsch in seiner Villa vis-à-vis dem Johannapark, suchte aber nach einer geeigneten Sommerresidenz für sich und die liebe Familie. Dafür erwarb Herfurth Land, viel Land, genauer gesagt Wiesen. Innerhalb von 15 Jahren ließ er diese zu einem Landschaftsgarten im englischen Stil werden, mit drei repräsentativen, höchst unterschiedlichen Wohngebäuden, dem »Weißen Haus«, noch heute Zentrum des westlichen Parkteils, dem »Schweizer Haus« und dem im Krieg zerstörten »Kleinen Haus Raschwitz«. In den 1920er Jahren erweiterte Herfurth sein Anwesen, dehnte den Park nach Osten über die Pleiße hin aus und machte ihn teilweise der Öffentlichkeit zugänglich.

Ein perfekter Ort, bis Herfurth 1937 starb und die Familie nach Kriegsende enteignet wurde. Von jetzt an hatten die russischen Besatzer das Sagen und empfahlen das Gelände für die Gartenbauausstellung 1948. Vier Jahre später gesellten sich die Landwirte dazu. Der Startschuss für die Agra. Mit der Abkopplung und dem Wegzug der Gartenbauausstellung nach Erfurt wurde das Gelände umgestaltet. In den 1970er Jahren kam dann die Braunkohle. Die geplante Zerstörung des Parks konnte zwar abgewendet werden, doch die Begradigung der Pleiße und das Anlegen eines neuen Wehrs veränderten auch die Struktur des Parks. Heute steht der Agra-Park unter Denkmalschutz.

Adresse Raschwitzer Straße, 04416 Markkleeberg | **ÖPNV** Straßenbahn 9 bis Markkleeberg, Haltestelle Parkstraße | **Tipp** Im nördlichen Teil des Parks, auf der Markkleeberger Seite, steht ein seltsam moderner Rundbau: das ehemalige Landwirtschafts-Museum, das nach seiner Schließung 2003 kurzzeitig als chinesisches Kunst- und Kulturzentrum genutzt wurde. Heute finden hier ab und zu Veranstaltungen statt.

3 Das Ägyptische Museum
Von der Pyramide in Leipzigs erstes Hochhaus

Das Ägyptische Museum besticht schon allein durch Lage und Domizil. Mitten in der Stadt, in der Goethestraße, gegenüber der Oper steht das Krochhochhaus. Das ehemalige Bankhaus des Leipzigers Hans Kroch war mit 43 Metern bei seiner Erbauung Ende der 1920er Jahre das erste Hochhaus in der Leipziger Innenstadt. Jedes Kind kennt das Haus vor allem durch seine gewaltigen Glockenschlägerstatuen.

Dass das Ägyptische Museum im Jahr 2010 hier seine neue Heimstätte gefunden hat, ist auch ein Stück weit Ironie des Schicksals. Kroch und der Begründer der Leipziger Sammlung, Gustav Seyffarth, waren gut bekannt, sodass die Umwidmung des ehemaligen Bankhauses zu einem Ort der Wissenschaft wohl durchaus im Sinne des Erbauers gewesen wäre.

Das Ägyptische Museum selbst gehört zu einem der bedeutendsten im Lande. Allerdings, und wer schon einmal das beeindruckende Ägyptische Museum in Berlin besucht hat, sollte sich darauf einstellen: das Leipziger Pendant ist streng genommen gar kein Museum. Eher handelt es sich um die Sammlung des Ägyptologischen Institutes der Universität Leipzig, die sich in erster Linie an seine Studenten richtet. Pompöse Präsentationen und Effekthascherei darf man also nicht erwarten, aber eine Ausstellung, die zeigt, was sie hat. Die Leipziger verzichten komplett auf ein Magazin, das in gängigen Museen meistens um ein Vielfaches mehr Exponate umfasst als die eigentliche Ausstellung. Hier ist die komplette Sammlung zu sehen. Die besteht heute aus rund 6.500 Objekten. Vor allem unter der Leitung Georg Steindorffs, nach dem das Ägyptische Institut seit 2008 benannt ist, entwickelt sich die kleine Leipziger Lehrsammlung von 1893 zu einem echten Museum.

Spannender Ausgangspunkt ist der Zedernholzsarg des Hedbastiru. Daneben finden sich zahllose Statuen, Gegenstände des täglichen Bedarfs und natürlich auch einige Mumien.

Adresse Goethestraße 2, 04109 Leipzig (Zentrum), www.gko.uni-leipzig.de/aegyptisches-museum | **ÖPNV** Straßenbahn 4, 7, 8, 10, 12, 15, 16, Haltestelle Augustusplatz | **Öffnungszeiten** Di–Fr 13–17, Sa,So, feiertags 10–17 Uhr | **Tipp** Gegenüber dem Museum gibt es Bänke unter Bäumen und einen riesigen Springbrunnen. Hier kann man prima darauf warten, die Glockenschläger auf dem Krochhochhaus wenigstens einmal in Aktion zu erleben.

4 Die Albertina

Museale Schätze im Schmuckkästchen, lebendige Studenten

Das Albertina-Erlebnis funktioniert auf vielen Ebenen. Nähert man sich der Universitätsbibliothek, nimmt man als Erstes drei Dinge wahr: junge Menschen in extrem hoher Dichte, Hunderte Fahrräder an Stahlbügeln und die atemberaubende Neorenaissance-Fassade des Architekten Arwed Roßbach.

Betritt man die Stufen zum Eingangsportal der Bibliotheca Albertina, auf der beinahe immer Studenten stehen, sitzen, essen, rauchen, wähnt man sich in der Kulisse eines College-Films, bis man den massiven, warmen Sandstein berührt. Die Eingangshalle selbst ist so opulent gebaut und so reich verziert, dass man sich in ihr festschauen möchte. Weiße und schwarze Marmorsäulen, edler Naturstein und die beeindruckende stuckgerahmte Glasdecke. Innen wie außen ist die Albertina gerade frisch saniert. Nach der teilweisen Zerstörung im Zweiten Weltkrieg und den Jahren des Verfalls in der DDR, wohlgemerkt bei laufendem Bibliotheksbetrieb, wurde 1994 mit dem Wiederaufbau begonnen. Rund 65 Millionen Euro wurden in den knapp neun Sanierungsjahren investiert. Auch die Bauarbeiten fanden bei laufendem Betrieb statt. Am 111. Jahrestag der Eröffnung, am 24. Oktober 2002, wurde der Wiederaufbau abgeschlossen.

Die Sammlung der Bibliothek umfasst heute 5,5 Millionen Bücher, knapp 9.000 antike Papyri, beinahe 10.000 Handschriften und Drucke aus allen möglichen Epochen, eine riesige Münzsammlung mit über 80.000 Einzelstücken und vieles mehr. Trotz dieser musealen Werte und der beeindruckenden Architektur ist die Albertina ein lebendiger Ort. Nicht nur den Studenten, die gern in der schönen Uni-Bibliothek mit ihren 840 Arbeitsplätzen arbeiten, steht sie offen. Jeder Interessierte kann auf ihren Bestand zugreifen, 30.000 registrierte Nutzer tun das regelmäßig.

In einem fensterlosen, klimatisierten Raum im Erdgeschoss können seit 2009 auch die besonders empfindlichen Schätze der Albertina gezeigt werden.

Adresse Beethovenstraße 6, 04107 Leipzig (Zentrum-Süd), www.ub.uni-leipzig.de | **ÖPNV** Bus 89, Haltestelle Mozartstraße, Straßenbahn 2, 8, 9, Haltestelle Neues Rathaus | **Öffnungszeiten** Mo–Sa 8–24 Uhr | **Tipp** Nur ein Haus weiter, in der Beethovenstraße 8, ließ der Leipziger Stuckateur und Bildhauer Conrad Louis Heydrich Albertina-Architekt Roßbach ein weiteres, ebenfalls äußerst repräsentatives Gebäude planen.

5 Der Alfred-Kunze-Sportpark

Leutzsch, hier schlägt das Fußballherz

Schön gelegen, am Rand des Leutzscher Holzes, täuscht der beschauliche Anblick des Alfred-Kunze-Sportparks ein wenig über die sportlichen und politischen Dramen hinweg, die sich im Schatten der Tribüne über die Jahrzehnte hinweg hier abgespielt haben.

Im Zentrum steht bis heute die BSG Chemie Leipzig, deren Geschichte auf die Werkself der Leipziger Tura-Werke, der SV Tura 1932, zurückgeht. Als SG Leutzsch startete die Mannschaft nach dem Krieg in der Stadtliga in eine neue Zeitrechnung. Durch die Fusion der Mannschaften aus Leutzsch, Lindenau und Böhlitz-Ehrenberg entstand die ZSG Industrie. Mit Beginn der Unterstützung durch den VEB Lacke und Farben wurde daraus 1950 die BSG Chemie, die bereits in ihrer ersten Saison 1950/51 den DDR-Meistertitel gewinnen konnte.

Mit dem Sieg der westdeutschen Nationalelf bei der WM 1954 sahen sich die Funktionäre unter Zugzwang und begannen mit der Bildung von Sportclubs als Fußballleistungszentren. Aus der Oberligamannschaft der BSG Chemie wurde durch Unterstützung des SV Lokomotive der SC Lokomotive Leipzig. Während Lok in Gohlis spielte, verblieb der Breitensport in Leutzsch. Kurz danach kehrte das Team zur BSG Chemie zurück. Die besten Spieler wurden allerdings zum neu gegründeten SC Leipzig (später 1. FC Lok Leipzig) delegiert. So entstand die Legende vom »Leutzscher Rest«, der als Underdog den von der Obrigkeit gewollten SC in der Hin- und Rückrunde besiegte und 1964 zum zweiten Mal Meister wurde.

Nach der Wende wurde aus der BSG Chemie der FC Sachsen Leipzig, der 2011 im Zuge einer Insolvenz von der Bildfläche verschwand. Die Leutzscher Fußballtradition lebt aber fort: im Rahmen eines von Fans initiierten Vereins unter dem Traditionsnamen BSG Chemie und als SG Sachsen Leipzig e.V.

Adresse Am Sportpark 2, 04179 Leipzig (Leutzsch), www.alfred-kunze-sportpark.de | **ÖPNV** Straßenbahn 7, Haltestelle Georg-Schwarz-/Ludwig-Hupfeld-Straße | **Tipp** Das nach dem Rittergut Leutzsch benannte angrenzende Leutzscher Holz eignet sich gut für ausgedehnte Wandertouren. Auf dem Weg nach Norden zum nahen Auensee überquert man die Flüsschen Nahle und Luppe.

6 Die Alte Messe
Freilichtmuseum auf dem Weg in die Zukunft

Leipzig ist Messestadt, war es schon immer, ohne Frage. Und die neue Messe, direkt an der Autobahn und beinahe in Sichtweite zum Flughafen, ist hell, modern, funktional und hat sich in den zurückliegenden Jahren etabliert.

Das zentral gelegene Herz der Messestadt aber, am alten Standort, schlägt seit seiner Ausmusterung im Jahr 1996 in einem langsameren Takt. Keine internationalen Aussteller mehr, keine Ostblockdelegationen und hofierte Staatschefs, keine Besucherströme; stattdessen entspannte Betriebsamkeit im Dreieck zwischen Prager und Richard-Lehmann-Straße.

500.000 Quadratmeter voller Geschichte und Geschichten aus über 90 Jahren mitten in der Stadt: ein Pfund, mit dem die öffentlich beauftragte Entwicklungs- und Vermarktungsgesellschaft wuchern kann und in den zurückliegenden Jahren äußerst vielversprechende Ansiedlungen zustande bekommen hat: Max-Planck- und Fraunhofer-Institut, Bio-City und Automeile, Gastro, Freizeit, Handel. Die Alte Messe ist ohne Zweifel auf dem Weg in die Zukunft. Ihre Ausstrahlung aber verdankt sie eben der Vergangenheit.

So bekommt man bei einem Spaziergang über das riesige, unübersichtliche Gelände schnell das Gefühl, als befände man sich in einem untervermieteten Freilichtmuseum. Die alten Hallen sind voll- oder teilsaniert oder stehen leer. Einige sind abgerissen, andere sollen umgebaut werden. Ein ständiges Abwägen zwischen zukünftiger Nutzbarkeit und historischem Erhalt. Die spektakulärsten Bauten sind sicher das denkmalgeschützte Pantheon, auch Betonhalle genannt, das unter dem Namen Volkspalast als Disco und Veranstaltungshalle genutzt wird, und der Sowjetische Pavillon. Dessen roter Stern auf goldener Spitze ist eine der markantesten Ansichten der Alten Messe. Hier begann in den Jahren von 1950 bis 1989 der traditionelle Rundgang der Staats- und Regierungschefs über die Frühjahrsmesse.

Adresse Deutscher Platz 4, 04103 Leipzig (Zentrum-Südost), www.alte-messe-leipzig.de | **ÖPNV** Straßenbahn 2, 15, Haltestelle Altes Messegelände | **Tipp** Im Kleinwagen oder im mondänen Cabrio: Das Autokino auf dem Gelände der Alten Messe versprüht Sixties-Charme. Wer bequeme Sitze, eine gute Audioanlage und eine große Frontscheibe hat, ist aber klar im Vorteil.

7 Die Apelsteine
Schachbrett der Völkerschlacht

Hier kann der zukünftige General den Ernstfall proben. Ähnlich einem riesigen Brettspiel hat der Leipziger Schriftsteller Theodor Apel die Stellungen der Völkerschlacht mit den nach ihm benannten Apelsteinen markiert und somit die geschätzten 600.000 Soldaten auf ewig in ihrem Fortkommen bei der entscheidenden Schlacht um die europäische Vormacht eingefroren.

Insgesamt 44 Steine ließ Apel auf eigene Kosten vom Leipziger Bildhauer Aster anfertigen und stellte diese in den Jahren 1861 bis 1864 auf, 50 Jahre nach der Völkerschlacht. Sechs weitere wurden danach noch durch private Initiativen errichtet. Die Suche nach den Steinen im Stadtgebiet und im Umland kann ein guter Antrieb zu einer sehr ausgedehnten und sehr speziellen Tour sein. Einige der ursprünglich einen bis anderthalb Meter hohen, rechteckigen Sandsteine wurden zwar im Zuge der Stadterweiterung umgesetzt, bei der Sanierung durch Kopien aus widerstandsfähigerem Material ersetzt und dabei auch manchmal in ihrer Form verändert, trotzdem findet sich an jedem der historischen Standorte oder in unmittelbarer Nähe auch heute noch ein Stein.

Um auf dem überdimensionierten Strategietisch dabei nicht den Überblick zu verlieren, hat Apel seine Steine nicht etwa unterschiedlich eingefärbt. Vielmehr erhielten die Steine, die die Stellungen der Koalitionstruppen markieren, einen spitzen Kopf und ein V, das für Verbündete steht, während die französischen Marken einen abgerundeten Kopf und ein N für Napoleon haben. Darüber hinaus finden sich auf den Steinen Name und Datum des jeweiligen Gefechts und die Namen der Heerführer, die Truppenbezeichnung und deren Stärke. Zwei Pfeile zeigen den Frontverlauf, außerdem sind die Himmelsrichtungen angegeben. Bis auf wenige Ausnahmen erhielten die den Koalitionstruppen gewidmeten Steine in der durchgängigen Nummerierung die geraden und die napoleonischen die ungeraden Nummern.

Adresse Nummer 1 steht in der Bornaer Chaussee in 04416 Markkleeberg (Wachau), ganz in der Nähe der Apelsteinallee | **ÖPNV** Stein 1 per Straßenbahn 15, Umstieg Haltestelle Probstheida in Bus 141, Haltestelle Wachau, An der Hohle | **Tipp** Auf der Prager Straße finden sich einige Apelsteine, im Garten des »Brauhauses Napoleon« in der Prager Straße 233 soll sich der kleine Kaiser 1813 zum Rückzug entschieden haben.

8 Das Apothekenmuseum
Der Siegeszug der Homöopathie

Das Apothekenmuseum liegt zentral und doch ein wenig im Schatten der Thomaskirche, die direkt gegenübersteht. So schlecht ist der Standort aber natürlich nicht, jedes Jahr werden schließlich zigtausende Touristen genau dorthin gefahren. Nicht alle von ihnen finden zwar den Weg ins Apothekenmuseum, nach Bach, Barock und Kirchenmonumentalbau ist es aber doch für viele ein willkommener Kontrast.

Die Geschichte der Apotheken in Leipzig ist beinahe so alt wie die Universität, über 600 Jahre. Das Museum, betrieben von der Sächsisches Apothekenmuseum Leipzig GmbH, befindet sich im Gebäude der ehemaligen Central-Apotheke. Von hier aus versorgte Dr. Willmar Schwabe, nach der Übernahme der 1836 gegründeten Apotheke, Menschen weit über die Grenzen der Stadt hinaus mit homöopathischen Arzneimitteln. Seite an Seite mit dem Erfinder der Homöopathie, Samuel Hahnemann, machte er Leipzig so zum Zentrum dieser Naturheilmethode. Und auch wenn dieser pharmazeutische Ansatz in der DDR keine Rolle spielte, auf Anfrage und bei Interesse konnte man hier homöopathische Arzneimittel beziehen.

Seit 1999 ist das Haus, nach wie vor im Besitz der Familie Schwabe, nun Museum. Die Ausstellung wendet sich einerseits bedeutenden Apothekern zu, wie eben Schwabe, Hahnemann, Heinrich Link oder auch dem Erfinder des europäischen Porzellans, Johann Friedrich Böttger, zeigt aber vor allem viele Exponate aus der Praxis der Apotheker der vergangenen Jahrhunderte. Dabei gibt es skurrile und längst überholte Heilmethoden zu sehen, zum Beispiel die radioaktive Radiumkur, die ausgerechnet gegen Krebs helfen sollte, und all die Gerätschaften und Tinkturen, Mühlen, Mörser, Fläschchen und Fässchen, die das Apothekenmuseum zu einem wirklich spannenden Ort machen. Im Erdgeschoss rundet das »Restaurant ehemalige Central-Apotheke« das Thema gastronomisch ab.

Adresse Thomaskirchhof 12, 04109 Leipzig (Zentrum), www.apothekenmuseum.de | **ÖPNV** Straßenbahn 9, Bus 89, Haltestelle Thomaskirchhof | **Öffnungszeiten** Mo geschlossen, Di u. Mi 11–17, Do 14–20, Fr–So und an Feiertagen 11–17 Uhr | **Tipp** Nur wenige Gehminuten entfernt, auf der anderen Seite des Marktes, findet man die über 300 Jahre alte, noch heute betriebene Adler-Apotheke, in der Theodor Fontane vor seiner Dichterkarriere als Apotheker arbeitete.

9 Der Auenwald
Märchenwald mit City-Anbindung

Erst einmal ist man sich nicht ganz sicher, ob man es jetzt mit dem Auwald oder dem Auenwald zu tun hat, sicher ist nur, mit dem Auenland und Tolkiens Hobbits hat der Leipziger Stadtwald nur wenig gemein. An manchen Stellen kommt er aber durchaus so verwunschen daher, dass Elben, Trolle und Zauberer sich hier wohlfühlen könnten.

Doch egal, wie man es nun nennt, mitten durch Leipzig zieht sich eines der größten europäischen Auenwaldgebiete. Der Stadtwald umfasst dabei weit über 1.000 Hektar des insgesamt beinahe 6.000 Hektar großen Landschaftsschutzgebietes in den Überschwemmungszonen der Flüsse Elster, Pleiße und Luppe. Verbunden werden der nördliche und der südliche Teil durch die innerstädtischen Parkanlagen. So schafft man es als passionierter Waldläufer bis ganz hinein ins Leipziger Zentrum, ohne auch nur einen Meter auf den Schutz von Bäumen und auf weichen Waldboden oder zumindest Wiese unter den Füßen verzichten zu müssen. Ein endloses Paradies für Spaziergänger, Mountainbiker oder auch richtige Wanderer. Nur die kleinen Wegweiser erinnern an die urbane Lage des Waldes, indem sie auf städtische Plätze oder Straßen verweisen, die aus dem Dickicht heraus meistens in wenigen Minuten zu erreichen sind. Eine Rettung für jeden, der sich ohne Karte in das weitverzweigte Netzwerk aus Wanderwegen begibt.

Als Leipzigbesucher oder -bewohner ohne blassen Schimmer von der Lage des riesigen Waldgebietes gilt vor allem im Mai und im Juni: einfach der Nase nach. Dann dominiert die weiße Blüte des Bärlauchs über weite Flächen den Waldboden und der unverkennbare knoblauchartige Duft liegt wie eine unsichtbare Wolke über der Stadt. Wenn man die Blätter des Bärlauchs sammeln und für ein wirklich leckeres Pesto, eine selbst gemachte Kräuterbutter oder auch als Gemüse verwenden will, sollte man darauf achten, nicht aus Versehen ein giftiges Maiglöckchen zu erwischen.

Adresse durchzieht das gesamte Stadtgebiet, ein guter »Einstiegspunkt« ist der Schleußiger Weg, 04275 Leipzig (Südvorstadt) | **ÖPNV** Bus 60, 74, Haltestelle Rennbahn | **Tipp** Für eine erste, vorsichte Stadtwalderfahrung lohnt sich die Fahrt mit dem Rad von der Rennbahn durch den Wald in Richtung Schleußig, dort stößt man dann auf »Sancho Pancha«, ein gutes mexikanisches Restaurant.

10 Der Aussichtsturm Bistumshöhe

Ein Ort zum Durchatmen

Ruhe! Wo findet man die in der Großstadt? Natürlich bieten der Stadtwald und die Parks hier eine Menge Rückzugsorte, aber dieses angespannte Flirren städtischer Betriebsamkeit spürt man überall. Also muss man raus.

Nach gut 30-minütiger Fahrradtour und bei angenehm summender Oberschenkelmuskulatur löst sich die Enge der Großstadt. Verlässt man den Auenwald, findet man sich in einer Landschaft wieder, die hier nach dem Ende des Braunkohleabbaus mit großer Anstrengung geschaffen wurde. Eine Mischung aus alter Aue und weiten aufgeforsteten Flächen, durchzogen vom vernetzten System des Neuseenlandes. Wenn der Wind über das flache Land bläst, muss man ordentlich in die Pedale treten. Am südwestlichen Zipfel des Cospudener Sees hat man eine gute Betriebstemperatur erreicht. Dort, auf der Bistumshöhe, erkennt man schon von Weitem den Aussichtsturm, eine Konstruktion aus zylinderförmig angeordneten Holzbalken. Einmal warm geworden, kann man die 180 Stufen im Inneren des transparenten, 35 Meter hohen Turms in Angriff nehmen und wird mit einer wirklich spektakulären Aussicht belohnt.

Im Nordosten blickt man über den Cospudener See auf die dortige Hafenanlage mit ihren schaukelnden Segelbooten. Weiter nördlich erkennt man die Silhouette der Stadt, den Uni-Riesen, das Westin-Hotel, weiter rechts das Völkerschlachtdenkmal. In entgegengesetzter Richtung blickt man über den Freizeitpark Belantis, dahinter erkennt man den Zwenkauer See, nordöstlich den Elsterstausee.

Am Fuße des Turms befindet sich die Shambala Bistumshöhe: ein paar Tipis, ein Crêpe-Wagen, überdachte Sitzmöglichkeiten – ein Ort zum Abschalten, irgendwie aus der Zeit gefallen. Nur das Kreischen aus der Achterbahn und das Rauschen der A 38 erinnern an die nahe Stadt. Ein guter Ort.

Adresse Bistumshöhe, in Sichtweite zum Vergnügungspark Belantis unweit des 7-Seen-Wanderweges, 04442 Zwenkau | **ÖPNV** Straßenbahn 3, Haltestelle Knautkleeberg, von dort Bus 118, Haltestelle Belantis, ab hier zu Fuß oder Straßenbahn 11, Haltestelle, Connewitzer Kreuz, ab dort Bus 107, Haltestelle Zöbigker/Schmiede, ab hier zu Fuß | **Tipp** Näher an der Stadt liegt deutschlandweit kein Freizeitpark. Belantis gehört zu den zehn größten und zieht mit seinen 60 Attraktionen in jedem Jahr eine halbe Million Menschen an. Vom Aussichtsturm aus immer in Richtung Pyramide laufen.

11 Der Bayerische Bahnhof
Bewegte Geschichte im wahrsten Sinne

Es gibt sicher viel zu erzählen über den geschichtsträchtigen Bayerischen Bahnhof. Die spektakulärste Episode in den knapp 170 Jahren seiner bis dahin statischen Existenz fand aber ohne Zweifel 2006 statt. Um Platz zu schaffen für die Bauarbeiten am Citytunnel und an der zukünftigen unterirdischen Haltestelle, wurde der 20 Meter hohe, 30 Meter breite und sechs Meter tiefe Portikus des ältesten erhaltenen deutschen Kopfbahnhofs um 30 Meter nach links, also nach Osten, verschoben. Eine Tagesreise für solch ein Gebäude. 2009, als die Arbeiten weitestgehend abgeschlossen waren, schob man den denkmalgeschützten Rest des ehemaligen Bahnhofs wieder zurück an Ort und Stelle. Dort fahren, wenn alles glattgeht, ab 2013 wieder Züge unter den vier Bögen hindurch, allerdings ein paar Meter tiefer als bei der Inbetriebnahme des Bahnhofs.

Ab 1841 wurde der klassizistische Bau nach den Plänen des Architekten Eduard Pötzsch errichtet. Bereits knapp zwei Jahre vor der finalen Fertigstellung des Gebäudes wurde von hier aus der Verkehr nach Altenburg aufgenommen. Bahnhof und Strecke wurden ursprünglich von der Sächsisch-Bayerischen Eisenbahn-Compagnie betrieben, den Schriftzug kann man heute wieder erkennen. Im Zweiten Weltkrieg wurden weite Teile des Bahnhofs zerstört, einzig die westlichen Hallen und eben der Portikus konnten gerettet werden.

Geld für die Sanierung war allerdings nicht da, so verfielen die Gebäude nach und nach. 1991 erfuhr der Portikus seine erste oberflächliche Sanierung und wurde nach der Rückversetzung noch einmal grundsaniert. Die verbliebenen Gebäude wurden Ende der 90er Jahre zu einer Brauerei mit angeschlossener Gaststätte umgebaut.

Heute bietet das Restaurant »Bayerischer Bahnhof« in den verschiedenen Teilen des weitläufigen Gebäudes deftiges Essen und Bier und die Leipziger Gose aus der eigenen Brauerei, außerdem ein einzigartiges Ambiente.

Adresse Bayrischer Platz 1, 04103 Leipzig (Zentrum-Südost), www.bayerischer-bahnhof.de | **ÖPNV** Straßenbahn 2, 9, 16, Haltestelle Bayrischer Platz | **Öffnungszeiten** Restaurant täglich 11–1 Uhr | **Tipp** Auf der anderen Seite des Bayrischen Platzes sieht man den Anatomiesaal der Uni-Klinik in der Liebigstraße 13. Im Rahmen von Führungen kann man sich die traditionsreiche Leipziger Lehrsammlung anschauen.

12 Das Bildermuseum
Atemberaubende Durchblicke in Sichtbeton

»Museum der bildenden Künste Leipzig« ist ein ziemlich langer Name, den kürzt man gern liebe-, aber vielleicht nicht besonders respektvoll zu Bildermuseum ab. Unterm Strich stimmt das ja auch, hauptsächlich gibt es dort Bilder zu sehen. Bevor man die aber sieht, muss man sich den Museumsneubau aus dem Jahr 2004 anschauen.

Das Berliner Architekturbüro Hufnagel, Pütz und Rafaelian hat den Kubus entworfen, der für knapp 75 Millionen Euro erbaut wurde. Durch die undurchsichtige Glasfassade erahnt man die scheinbar aus verschiedenen Betonwürfeln zusammengesetzte Gebäudestruktur nur. Neben den Verwaltungs-, Lager- und Funktionsräumen bietet der aus 15.000 Kubikmetern Beton, 2.200 Tonnen Stahl und jeder Menge Glas erbaute Quader 5.000 Quadratmeter Ausstellungsfläche.

Der Innenraum des Bildermuseums ist atemberaubend. Selbst ohne Ausstellungen kann man sich in den verschiedenen Einblicken, Durchblicken und Ausblicken auf den Terrassen und in den Lichthöfen aus Sichtbeton und Muschelkalk verlieren. In den weiß und farbig gehaltenen Ausstellungsräumen ganz unterschiedlicher Größe und Deckenhöhe verbirgt sich aber der eigentliche Schatz der städtischen Leipziger Kunstsammlung, die auf eine Geschichte von etwa 175 Jahren zurückblickt.

Im ersten Obergeschoss wendet man sich intensiv den Arbeiten und dem geschichtlichen künstlerischen Kontext der Leipziger Künstler Max Beckmann und Max Klinger zu, im zweiten Obergeschoss sind Malerei und Plastik des 15. bis 18. Jahrhunderts untergebracht, eine Etage höher die Kunst des 19. und 20. Jahrhunderts. Auf den großen Terrassen und in den Treppenhäusern sind Installationen zeitgenössischer Künstler platziert. Im Untergeschoss werden Wechselausstellungen gezeigt. »Neo Rauch. Begleiter« brach hier 2010 mit knapp 100.000 Besuchern in nur vier Monaten alle Rekorde.

Adresse Katharinenstraße 10, 04109 Leipzig (Zentrum), www.mdbk.de | ÖPNV beinahe alle Linien führen zum Hauptbahnhof, von dort braucht man bis zum Museum zu Fuß 5 Minuten | Öffnungszeiten Mo geschlossen, Di, Do–So, feiertags 10–18 Uhr, Mi 12–20 Uhr | Tipp Die Absintherie »Sixtina«, die sich einst gegenüber dem Bildermuseum befand, ist 2013 in die Sternwartenstraße 4 umgezogen, südöstlich des Rings, hinterm Ring-Café. Einen Besuch ist sie immer noch Wert und zu Fuß in 10 Minuten zu erreichen.

13 Die Blechbüchse
Zu viel Geschichte für einen Ort

Die Blechbüchse ist tot, es lebe die Blechbüchse? Die wenigsten Leipziger werden den Kaufhausbau im Nordwesten der City wohl ohne seinen berühmten Mantel kennen. Im Zuge des Neubaus der »Höfe am Brühl«, also beim Abriss der eigentlichen Blechbüchse, ließ das Kaufhaus 2010 nach knapp 45 Jahren die Hüllen wieder fallen. Kurz danach sollte das ganze Haus fallen. Für einige Leipziger ein echtes Trauerspiel, denn unter der Aluminiumfassade, entwickelt vom Künstler Harry Müller, die seit 1966 das Antlitz des Kaufhauses prägte, steckte ein fast vergessenes Jugendstilkleinod. 1908 erbaute das der Leipziger Architekt und Bauherr Emil Franz Hänsel und schuf mit einer Verkaufsfläche von 8.000 Quadratmetern eines der damals größten mitteldeutschen Kaufhäuser.

Dem Freilegen des alten Hauses, das angesichts seiner Verkleidung eben nicht denkmalgeschützt war, folgten eine Unterschriftensammlung, eine Menschenkette und endlose Diskussionen, die den geplanten und eigentlich bereits beschlossenen Abriss abwenden sollten.

Die Frage war: Welche Vergangenheit ist erhaltenswerter? Der viel beachtete Vorschlag, Hänsels Jugendstilfassade zu erhalten und die aus Aluminium am anderen Ende des Komplexes zu montieren, setzte sich nicht durch. Letztendlich entschied man sich, zumindest 15 Meter der Originalfassade zu erhalten. Darum herum entstand nun ein gigantisches Einkaufszentrum mit einer Fläche von 44.000 Quadratmetern und 130 Geschäften. Das alte Alukleid trägt nun das Parkhaus auf. Zumindest äußerlich ist die Blechbüchse den Leipzigern also erhalten geblieben.

Und als ob das an historischer Bedeutsamkeit für einen Ort nicht schon genug wäre, ist da ja noch Richard Wagner. Sein Geburtshaus, das Gasthaus »Roter und Weißer Löwe«, stand 1813 genau an dieser Stelle. Die Konturen des Hauses finden sich neben denen anderer ehemaliger Gebäude am Standort als Aufdrucke auf den gläsernen Fassadenteilen.

Adresse Richard-Wagner-Platz 1, 04109 Leipzig (Zentrum), www.hoefe-am-bruehl.de | **ÖPNV** Straßenbahn 1, 3, 4, 7, 9, 12, 13, 14, 15, Haltestelle Goerdelerring | **Tipp** An der Stelle, wo heute eine Ampel die Menschen über den achtspurigen Tröndlinring schleust, stand noch bis 2004 ein knapp 80 Meter langes 70er-Jahre-Fußgängerbrückenmonster.

14 Der Botanische Garten
Eine Insel

Sicher, Parks und Wald und Aue und Kanäle: Leipzig bietet viel Raum für Entspannung. Aber dieses chinesische oder indische, dieses exotische, für viele Deutsche vollkommen unerreichbare Tiefenentspannungsding, das kriegt man nur im Botanischen Garten. Nicht, dass man das beim Anlegen des Gartens vordergründig verfolgt hätte, doch das Zusammenspiel von Pflanzen aus der ganzen Welt, Wasserbecken und Teichen, das Wachsen und Vergehen, die verschiedenen Farben und Gerüche, all das löst den Besucher aufs Angenehmste aus der Welt abseits der umschließenden Mauern.

Der Botanische Garten der Universität ist tatsächlich eine Insel im bewegten städtischen Alltagsleben. Kaum 100 Meter entfernt von der viel befahrenen Prager Straße, tritt das Rauschen des Verkehrs in den Hintergrund und aus dem Bewusstsein. Nur die Rettungshubschrauber, die die benachbarte Uni-Klinik anfliegen oder verlassen, durchbrechen den Tagtraum ab und zu. Die Anlage besteht heute aus dem eigentlichen Botanischen Garten mit den Gewächshäusern, einem Apotheker-Garten und einem Schmetterlingshaus.

Die Geschichte des Gartens geht weit über 400 Jahre zurück. Bereits 1542 wurden der Universität Leipzig das Dominikanerkloster St. Pauli und die zugehörigen Gärten zur Nutzung überschrieben. Mit der Ernennung des ersten Gartenpräfekten Moritz Steinmetz im Jahr 1580 ist der Botanische Garten der Universität Leipzig nachweislich der älteste seiner Art in Deutschland.

Auf dem Weg durch die Anlage kann man die artenreichen Steppengebiete Osteuropas und Asiens innerhalb weniger Schritte erkunden. Die verschiedenen Waldtypen der nördlichen Hemisphäre, die Vegetation der Prärien und des östlichen Nordamerikas und die Hochgebirgspflanzen Europas und Asiens im Alpinum liegen nah beieinander. Im Sommer wird die Anlage durch viele subtropische und tropische Topf- und Kübelpflanzen aus den Gewächshäusern bereichert.

Adresse Linnéstraße 1, 04103 Leipzig (Zentrum-Südost), www.bota.uni-leipzig.de |
Öffnungszeiten Nov.–Feb. tägl. 9–16 Uhr; März, Apr., Okt. täglich 9–18 Uhr; Mai–Sept. täglich 9–20 Uhr | **ÖPNV** Straßenbahn 12, 15, Haltestelle Ostplatz, Straßenbahn 2, 16, Haltestelle Johannisallee | **Tipp** Der Botanische Garten grenzt an den Friedenspark. Ende der 1970er Jahre entstand dieser auf der Fläche des Neuen Johannisfriedhofs. Zahllose kunsthistorisch wertvolle Grabmäler wurden dabei zerstört oder zerfielen durch unsachgemäßen Transport oder Lagerung.

15 — Der Bowlingtreff
Trauriges Denkmal mit Perspektive

Irgendwie fehl am Platz und traurig starren die leeren Glasaugen des ehemaligen Bowlingtreffs über den Roßplatz in die Innenstadt. Längst sind dort alle Lichter erloschen, der Eingang ist vermauert und übermalt, kaum zu erkennen. Seit über 15 Jahren steht das Gebäude leer. Der achteckige denkmalgeschützte Bau mit dem durchgezogenen Glasdach zeugt nur bescheiden, beinahe zurückhaltend von der Größe und der Geschichte seiner unterirdischen Fortsetzung.

Von 1924 bis 1926 ist hier eine Umformstation errichtet worden. Die war nötig, um die großen Stromschwankungen, vor allem während der Messezeit, auszugleichen. In den frühen 1980er Jahren wurde dann über eine Umnutzung der Anlage als Freizeittreff nachgedacht. Im Rahmen eines internen Wettbewerbs unter Leipziger Architekten wurde nach einem passenden Entwurf für die Eingangshalle gesucht. Keinen angstinflößenden Einstiegsschacht in die Unterwelt, sondern eine Verbindung, die befreiend, nicht beeindruckend wirkt, wollte der Sieger der Ausschreibung, Winfried Sziegoleit, erschaffen. Seine Arbeit findet noch heute internationale Beachtung, vor allem in der Fachwelt.

Von 1985 bis 1987 wurden die Umbaumaßnahmen durchgeführt. Die Eingangshalle gab nun einen Blick auf die verschiedenen Nutzungsebenen frei. Die beinhalteten eine Bowlinganlage mit 14 Bahnen in zwei Hallen, Billardtische, Spielautomaten, einen Fitness-, einen Konferenzraum, Büroräume, ein Café im Eingangsbereich und noch einmal über 300 Restaurantsitzplätze im Untergeschoss.

Bis 1997 wurde der Bowlingtreff als solcher genutzt. Seitdem wird viel diskutiert. Vor allem im Rahmen der Umgestaltung und Neubebauung des Wilhelm-Leuschner-Platzes spielt das Gebäude eine gewichtige Rolle. Die Kulturstiftung Leipzig verfolgt eine Revitalisierung als Kulturzentrum Mitte, auch das Naturkundemuseum ist als neuer Mieter im Gespräch.

Adresse Wilhelm-Leuschner-Platz, 04107 Leipzig (Zentrum-Süd) | **ÖPNV** Straßenbahn 2, 8, 9, 10, 11, Haltestelle Wilhelm-Leuschner-Platz | **Tipp** Als Einstieg in die Leipziger Studentenszene drängt sich das Beyerhaus auf. Das liegt etwas versteckt hinter der Stadtbibliothek, die den Wilhelm-Leuschner-Platz nach Süden begrenzt, und bietet viel Platz, rustikales Flair, Billard, Kicker, Getränke zu kleinen Preisen, eben studentisches Leben von Sonnenuntergang bis zum Morgengrauen.

16 Die Brücke im Johannapark

Viva Las Leipzig

Was hat Leipzig mit Las Vegas zu tun? Eigentlich nichts, keine bedeutenden Kasinos, keine Wüste, keine Céline Dion. Vielleicht auch besser so. Aber diese Brücke! Setzt man sich an den Rand des kleinen Teiches im Johannapark und wartet, wird man sehen, dass dieses kleine Holzkonstrukt eine mindestens so starke Anziehungskraft auf Brautpaare hat wie die kitschigste Wedding Chapel in Las Vegas.

Es gibt einiges, was für diesen Ort spricht, nur ein Argument spricht dagegen. Zuerst also die schlechte Nachricht: Der Teich stinkt. Zahllose Enten, zahllose Grillpartys am Seeufer, zu wenig Belüftung bei abgeschalteter Fontäne oder wer oder was auch immer dafür verantwortlich ist, dass solche Teiche so stinken. Das Gute daran: Auf keinem der Hochzeitsfotos lässt sich der Gestank riechen.

Die Gründe, die für genau dieses Foto auf genau dieser Brücke sprechen, sind teils romantischer, teils ganz pragmatischer Natur. Erst einmal liegt das Neue Rathaus mit dem Standesamt in Laufweite, und zwar nah genug für jede Braut, die Entfernung auch in den schönsten und unbequemsten Schuhen dieser Welt zu überwinden. Da die Zahl kirchlicher Trauungen im Osten noch immer hinter den rein standesamtlichen zurückbleibt, beginnt hier also für viele Paare der ganz große Tag.

Deshalb ist da natürlich auch der romantische Aspekt: Eine wunderschöne Holzbrücke über einer glitzernden Wasseroberfläche, der blaue Himmel spiegelt sich darin, Schilf und Bäume rahmen die Szene ein. Herrlich! Man hat gute Chancen, einen Schwan im Bild zu haben oder, besser noch, eine Entenfamilie mit niedlichen Jungen. Dreht man sich nun noch um, und der Fotograf tritt hinter das Paar, wird die Landschaft des Johannaparks in Richtung Innenstadt von der Kulisse des Neuen Rathauses und dem Uni-Riesen begrenzt. Dramatisches Großstadtflair als Finale: perfekt.

Adresse Karl-Tauchnitz-Straße, etwa auf Höhe der Ferdinand-Rhode-Straße, 04107 Leipzig (Zentrum-Süd) | **ÖPNV** Straßenbahn 2, 8, 9, Bus 89, Haltestelle Neues Rathaus | **Tipp** Wenn der Kummerbund oder der Strumpfhalter zu straff sitzen, kann man sich direkt vor Ort im Johannapark vom Team des CityBootCamps in Hochzeitsform bringen lassen.

17 _ Das Bundesverwaltungsgericht

Bewegender Prunkbau mit bewegter Vergangenheit

Hängt man ein großartiges Bild an die Wand, eingequetscht zwischen zig anderen Bildern, geht es ziemlich sicher in der Flut der optischen Reize unter. So ergeht es einigen Sehenswürdigkeiten in der engen Leipziger City. Das Bundesverwaltungsgericht hingegen, gegenüber dem Neuen Rathaus, hat viel Raum zum Atmen.

Erst einmal nach oben. Das Gebäude, von Ludwig Hoffmann und Peter Dybwad geplant und von 1888 bis 1895 erbaut, überragt mit seinem 68 Meter hohen kupfergedeckten Kuppeldach alle umliegenden Bauten. Der Simsonplatz, der an der Frontseite die Breite des Hauses aufnimmt und in seiner Verlängerung, ausgestattet mit einem standesgemäßen Springbrunnen, bis zur Karl-Tauchnitz-Straße, in der Tiefe bis zur Harkortstraße reicht, wirkt wie ein Passepartout. Die blauen Leuchtstelen und der den Platz diagonal durchquerende Pleißemühlgraben lassen raumgestalterisch keine Wünsche offen und tragen noch einmal zur Steigerung des Sehenswürdigkeitsfaktors des Bundesverwaltungsgerichts bei.

Verhandelt wurde im ehemaligen Reichsgericht gegen Karl Liebknecht und auch gegen Marinus van der Lubbe, der 1933 als Einzeltäter für den Reichtagsbrand verantwortlich erklärt und zum Tode verurteilt wurde. Mitangeklagt war damals unter anderem auch der Kommunist Georgi Dimitroff, später Ministerpräsident Bulgariens, der das Gericht im Verlauf des Prozesses aber aufsehenerregend von seiner Unschuld überzeugen konnte.

Im Zweiten Weltkrieg wurde das Gebäude stark beschädigt. Nach der Sanierung zog im Mai 1952 das Museum der bildenden Künste ein, dessen eigenes Gebäude zerstört worden war. Im Großen Sitzungssaal wurde das ideologisch geprägte »Georgi-Dimitroff-Museum« eingerichtet. Seit 2006 und nach der 65 Millionen Euro teuren Sanierung ist es das Dienstgebäude des Bundesverwaltungsgerichts.

Adresse Simsonplatz 1, 04107 Leipzig (Zentrum-Süd), www.bverwg.de | **ÖPNV** Straßenbahn 2, 8, 9, Bus 89, Haltestelle Neues Rathaus | **Öffnungszeiten** Eingangshalle, »Reichsgerichtsmuseum« und Großer Sitzungssaal Mo–Fr 8–16 Uhr, Führungen auf Anfrage per Fax 0341/2007-1000, per Brief Postfach 100854, 04008 Leipzig oder online | **Tipp** Folgt man dem Lauf des freigelegten Pleißemühlgrabens ein paar Meter in Richtung Innenstadt, gelangt man an eine kleine Treppe, die zu einer kleinen Plattform direkt am Ufer führt, ein guter Ort für eine kleine Pause.

18 Die Buntgarnwerke
Luftig im Loft – die Zeiten ändern sich

Die Kamera fährt sanft über die Wasseroberfläche, verfängt sich hier und da an den Fassaden der Uferbebauung, die Fahrt geht leicht um die Kurve, Schnitt auf diese traumhafte Backsteinfassade. In den riesigen, geöffneten Rundbogenfenstern des sanierten Industriebaus sitzen junge, erfolgreiche Menschen, lesen, hören Musik, unterhalten sich.

Auf dem Grünstreifen davor: spielende Kinder. Eine Szene wie aus einem Werbespot für, sagen wir, eine Lebensversicherung, den neuen Ökokleinwagen oder für die FDP auf der Suche nach einer neuen Zielgruppe.

Natürlich ist das ein wenig überzeichnet, aber die Buntgarnwerke, links und rechts der Weißen Elster gelegen, verbunden durch eine ebenfalls bewohnte Brücke, bieten dieses Hamburger Alster-Flair. Da, wo früher malocht wurde, die Wohnungen im Arbeitsumfeld klein und unansehnlich waren, die Luft schlecht war und niemand die Nähe des stinkenden Flusses gesucht hat, da wohnen und arbeiten heute Menschen, die früher keinen Fuß in solch ein Viertel gesetzt hätten.

Und tatsächlich sind die Buntgarnwerke, das größte deutsche Industriedenkmal der Gründerzeit, äußerst attraktiv. Das letzte der sieben Gebäude der Anlage wird gerade saniert. Die verschiedenen Lofts und Büroeinheiten, in allen möglichen Größen und mit Preisen von vertretbar bis utopisch, bieten individuelles Leben am Wasser, am Park und direkt in der Stadt. Luftig geschnitten, mit großer Galerie, hohen Decken, wunderschönen Fenstern.

Früher wurde hier gesponnen, sehr erfolgreich. So erfolgreich, dass die Besitzer der Sächsischen Wollgarnfabrik Tittel & Krüger Ende des 19. Jahrhunderts die Architekten Pfeiffer & Händel damit beauftragten, einen prestigeträchtigen Industriebau zu schaffen. 2.000 Arbeiter waren zu Hochzeiten dort tätig, auch in der DDR wurde im späteren VEB Buntgarnwerke noch Garn hergestellt.

Adresse Nordufer: Nonnenstraße (Plagwitz), Südufer: Holbeinstraße (Schleußig), 04229 Leipzig | **ÖPNV** Bus 74, Haltestelle Karlbrücke, Straßenbahn 1, 2, Haltestelle Holbeinstraße | **Öffnungszeiten** Das Gelände ist zugänglich. Um in die Innenhöfe zu schauen, am besten einen Bewohner ansprechen oder einen Maklertermin vereinbaren. | **Tipp** Von der Nonnenstraße aus hat man Zugang zum italienischen »Ristorante Da Vito« und zum Griechen »Thiseas«. Beide betreiben schwimmende Freisitze.

19 Das City-Hochhaus
Auf den Zahn

City-Hochhaus, Uni-Riese, Weisheitszahn, Panorama-Tower, MDR-Hochhaus – was nach einer ganzen Skyline klingt, ist nur die Aneinanderreihung verschiedener Namen für ein und dasselbe Haus. Das City-Hochhaus, so die heute wohl gängige offizielle Bezeichnung, prägt neben dem Turm des Neuen Rathauses die Silhouette der Leipziger Innenstadt. Musste man früher Angst haben, dass man von den wackeligen Fahrstühlen nicht nur in die 29. Etage, sondern gleich bis zum Mond katapultiert wird, ist der ehemalige Uni-Riese seit dem Verkauf an eine amerikanische Bank zu einem modernen Büroturm geworden, inklusive sanfter Lifte und sanierter Natursteinfassade.

Der Mitteldeutsche Rundfunk ist zwar einer der Hauptmieter und darf deshalb auch am Haus werben, das eigentliche MDR-Hochhaus steht aber weiter im Süden der Stadt, an der Altenburger Straße. Gebaut wurde der Uni-Riese im Zuge der Neugestaltung der Universität von 1968 bis 1972 nach Plänen des Architekten Hermann Henselmann. Der fand vor allem für eines der wenigen anderen Hochhausprojekte dieses Formats in der DDR, das Haus des Lehrers in Berlin, große Beachtung und war auch federführend an der baulichen Gestaltung der Stalin-, später Karl-Marx-Allee in der Hauptstadt beteiligt.

Der Uni-Riese in Leipzig ist mit 142,5 Metern der höchste Bau der Stadt. 1972 bei seiner Eröffnung war er sogar Deutschlands höchstes Gebäude, bis im Folgejahr das viereinhalb Meter höhere Colonia-Haus in Köln eingeweiht wurde.

Heute gleitet man also sanft, nur begleitet von dezentem Ohrendruck, in die 29. Etage, wirft ein paar Münzen ins Drehkreuz und nimmt schwungvoll die letzten paar Stufen zur Aussichtsplattform hinauf. Von dort hat man eine atemberaubende Aussicht über die Stadt, deren Silhouette auf den Schaubildern an der Brüstung erklärt wird, sodass man sich auch ohne Ortskenntnis einen guten Überblick verschaffen kann.

Adresse Augustusplatz 9, 04109 Leipzig (Zentrum) | **ÖPNV** Straßenbahn 4, 7, 8, 10, 11, 12, 15, 16, Haltestelle Augustusplatz | **Tipp** Ob vom City-Hochhaus aus oder von jedem anderen beliebigen Punkt der Stadt, im Süden, kurz vorm Horizont, sieht man immer zwei riesige weiße Rauchsäulen stehen: das Kraftwerk Lippendorf, ein mit Braunkohle befeuertes Dampfkraftwerk, dessen Vorgängerbauten bereits 1926 Qualm durch die Schornsteine bliesen.

20 Der Citytunnel
Ein Loch braucht man doch

Lange vor dem schielenden Opossum Heidi hatte Leipzig ein Maskottchen, das dem nachtaktiven Nager an Niedlichkeit kaum nachstand: Leonie. Doch während Heidi eine Länge von geschätzten 50 Zentimetern erreichte, brachte es Leonie auf stattliche 65 Meter. Wer jetzt auf Blauwal oder Wüstenwurm tippt, liegt weit daneben. Leonie ist der etwas kitschige Name der Tunnelbohrmaschine des wohl größten Bauprojektes der jüngeren Leipziger Geschichte. Und weil dieses Projekt, das den Hauptbahnhof mit dem Bayerischen Bahnhof verbinden und so den Nahverkehr erleichtern soll – und ursprünglich auch den Fernverkehr beschleunigen sollte –, umstritten ist, war die Verniedlichung des rauen Bohrers wohl als PR-Coup gedacht.

Aber 2003, zur Zeit des Spatenstiches, schien in Leipzig alles möglich. Schließlich ging es darum, die altehrwürdige Messestadt konkurrenzfähig zu machen im Rennen um Olympia 2012. Trotz nationalen Underdog-Sieges gingen die Rechnung nicht auf und die Spiele nach London. Der Tunnel blieb und ging Ende 2013 nach zehneinhalb statt sechseinhalb Jahren Bauzeit und nach einer knappen Milliarde statt 570 Millionen Euro ans Netz. Ein Besuch der vier neu entstandenen, unterirdischen Stationen am Hauptbahnhof, am Markt, am Wilhelm-Leuschner-Platz und am Bayerischen Bahnhof lohnt also schon allein des immensen Aufwandes wegen.

Beim Citytunnel handelt es sich aber keineswegs um Nachwendegrößenwahn. Das Projekt schwelt seit der Errichtung des Hauptbahnhofs 1909, wurde 1913 und 1914 bereits begonnen und nur durch den Ersten Weltkrieg beendet. Der Tunnel diente im Zweiten Weltkrieg als Luftschutzbunker und erlitt bei der Bombardierung Leipzigs zwei Einschläge. Während weite Teile des bereits knapp 700 Meter langen Tunnels verschlossen wurden, nutzte man den Abschnitt unter der Osthalle des Bahnhofs bis 1992 als »DEFA-Zeitkino«.

Adressen Hauptbahnhof, Willy-Brandt-Platz 5, 04109 Leipzig (Zentrum-Nord); Markt, 04109 Leipzig (Zentrum), www.citytunnelleipzig.de; Bayerischer Bahnhof, Bayrischer Platz, 04103 Leipzig (Zentrum-Südost); Wilhelm-Leuschner-Platz, 04107 Leipzig (Zentrum-Süd) | **ÖPNV** solange nicht selbst befahrbar: Straßenbahn 2, Haltestelle Wilhelm-Leuschner-Platz oder Bayrischer Platz | **Tipp** Die Haltestelle Markt hat eine ganz eigene Geschichte, ihrer Entstehung musste das Untergrundmessehaus direkt unter dem Markt weichen. Der Zugangdes 1925 eröffneten, weltweit ersten unterirdischen Ausstellungshauses erfolgte über eine Treppe von der Südseite des Marktes aus.

21 Der Clarapark
Bitte treten Sie auf den Rasen

Der erste warme Apriltag genügt, um die Leipziger in den Clarapark zu treiben. Clara meint eigentlich Clara Zetkin. Die Kommunistin und Frauenrechtlerin, die 1933 im russischen Exil gestorben ist, war zu DDR-Zeiten einer der Stars der SED-Propaganda. Auch als Überbegriff fürs große grüne Ganze in Leipzig musste sie ihren Namen hergeben. Vielleicht hätte ihr das aber auch gefallen. Schließlich gab es in der DDR viele deutlich hässlichere Orte, die mit den Namen der historischen Superhelden des Arbeiter- und Bauernstaates geschmückt wurden.

Trotzdem wurde in Leipzig seit Jahren heiß diskutiert, welche historisch verwurzelten Namen die einzelnen Teile des üppigen Grünzugs zukünftig tragen sollten. Seit 2011 meint Clara-Zetkin-Park nun nur noch den ehemaligen Albertpark und das Scheibeholz als ein Teil davon. Doch wenn die Sonne herauskommt, wird das ohnehin zur Nebensache, und die Leipziger gehen einfach in den Clarapark.

Die Wiese zwischen Glashaus, Musikpavillon und Inselteich ist einer der beliebtesten Plätze. Einerseits gibt es hier riesige, stets kurz geschorene Rasenflächen, die nur am Rand von einigen Bäumen beschattet werden und ansonsten einen ungetrübten Blick in den Himmel zulassen. Andererseits ist die Versorgungslage hervorragend. Bier, Bratwurst, Kuchen, Eis – alles ist in unmittelbarer Nähe zu bekommen. Am Wochenende weht aus den beiden Parklokalen oftmals mehr oder weniger gute Livemusik herüber.

Eigentlich braucht man also nur eine Decke, um ins Parklife einzutauchen. Die meisten Gruppen sind aber deutlich besser ausgestattet und haben neben der obligatorischen Kiste Bier auch noch einen Grill dabei. In Acht nehmen sollte man sich vor Bällen, Frisbeescheiben und anderen Sportgeräten. Das Hindurchgehen zwischen zwei Bäumen ist auch nicht ganz ungefährlich, denn überall hängen neuerdings Slacklines herum, auf denen Leute angestrengt balancieren.

Adresse zwischen Klingerweg, 04229 Leipzig (Schleußig) und Karl-Tauchnitz-Straße, 04107 Leipzig (Zentrum-Süd) | **ÖPNV** Straßenbahn 1, 2, Haltestelle Clara-Zetkin-Park, Bus 89, Haltestelle Robert-Schumann-Straße | **Tipp** Die »Warze«, eine der wenigen Erhebungen der Stadt, im nördlichen Teil des Parks ist im Winter der Hotspot für die kleinen und lautstarken Rodelfanatiker.

22 Conne Island
Die Insel basisdemokratischer Subkultur

Schuld sind die Kaninchen im Big Apple. Zumindest, wenn man der Namensgebung dieses, laut eigener Definition, Zentrums von und für Linke, Jugend-, Pop- und Subkulturen nachgeht. Denn das New Yorker Coney Island war Namenspate für diesen Ort im Leipziger Stadtteil Connewitz. Und Coney leitet sich vom niederländischen Wort Konijn ab, also Kaninchen. Aber darum geht es hier nicht.

Man muss ein wenig suchen, um Conne Island überhaupt zu finden. Abseits der Hauptstraße, in der zweiten Reihe hinter einem Bürogebäude, öffnet sich ein Grundstück, das so vielfältig ist wie die Aktivitäten des Vereins. Auf der einen Seite der Garten am Waldrand mit eigenem Spielplatz, Open-Air-Kino, Freisitz und Skatepark, auf der anderen Seite der legendäre Konzertsaal und das frisch sanierte Vereinsgebäude mit dem vorsichtig modernisierten Café im Erdgeschoss.

Auf diesem Gelände, dessen Geschichte als Ausflugslokal »Eiskeller« bis ins 19. Jahrhundert zurückgeht, erlebt man seit den frühen Neunzigern basisdemokratisches Vereinsleben in Reinform. An jedem Montag werden hier in einem offenen Plenum alle Vorschläge, Anmerkungen und geplanten Projekte durchdiskutiert. Und das funktioniert bestens für die hauptsächlich ehrenamtlichen Macher hinter dem Conne Island. Seit 21 Jahren hält sich die Insel am soziokulturellen Markt und hat einiges vorzuweisen. Einerseits das ganz alltägliche Vereinsleben, das vielen jungen Menschen einen Raum bietet, um ihre ganz individuellen Interessen auszuleben, auf der anderen Seite ein außergewöhnlich gutes Gespür für Musik. Die »Wall of Fame«, die anlässlich des 20. Jubiläums neben dem Konzertsaal angebracht wurde, zeigt hinter der jeweiligen Jahreszahl alle Bands, die jemals im Conne Island gespielt haben. Überhaupt erzählen das gepflegte Onlinearchiv oder die Publikationen zum 15. und 20. Geburtstag viele spannende Geschichten einer bewegten Zeit.

Adresse Koburger Straße 3, 04277 Leipzig (Connewitz), www.conne-island.de | **ÖPNV** Straßenbahn 9, Haltestelle Koburger Brücke | **Öffnungszeiten** Gelände täglich geöffnet, Café Di–Sa ab 16 Uhr, So ab 14 Uhr, Do Brunch ab 10.30 Uhr | **Tipp** Auch der relativ neue Bootsverleih, äußerst idyllisch gelegen an der Pleiße im nahen Wildpark, greift Geschichte auf. In den denkmalgeschützten Räumen hatte der erste Leipziger Kanu-Club Aegir e.V. von 1921 an sein Domizil.

23 Der Cospudener See
Vom Tagebaurestloch zur Costa Cospuden

87 Millionen Tonnen Kohle. Während man im Schatten des Wildparks südwärts durch die warme Sommerluft spaziert, den Duft der blühenden Auenlandschaft in der Nase, die kühlende Brise der nahen Seenlandschaft auf der Haut, sollte man kurz die Augen schließen – Radfahrer bitte mit offenen Augen – und versuchen, sich diesen riesigen Haufen Rohbraunkohle vorzustellen. Nähert man sich der »Costa Cospuda«, oder geläufiger: dem »Cossi«, wird es immer schwerer, den Gedanken an die aggressive Auskohlungspolitik der DDR festzuhalten, in deren Folge im ganzen Land Menschen umgesiedelt, Orte abgerissen und Landschaften zerstört wurden.

Tatsächlich ist der Cospudener See, der eben nach der überbaggerten Ortschaft Cospuden benannt ist, ein sogenanntes Tagebaurestloch. Das wurde ab 1993 mit Grundwasser und Wasser aus den Tagebauen Zwenkau, Profen und Schleenhain geflutet, insgesamt 109 Millionen Kubikmeter, sodass der See pünktlich zur Expo 2000 in Hannover seinen Höchststand erreichte. Die Gestaltung des Uferbereichs und der Umgebung wurde dann auch gleich im Rahmen der Weltausstellung umgesetzt und präsentiert.

Gut 20 Jahre nach Ende der Braunkohleförderung bietet der See, nur fünf Kilometer von der Innenstadt entfernt, den größten Sandstrand Sachsens. Am Südufer ist der Zörbigker Hafen entstanden, mit einem guten Angebot an Gastronomie, Geschäften, einer Surfschule und einer Sauna im See. Der Rundweg ist 14 Kilometer lang und perfekt für Skater und Radfahrer. Als Fußgänger sollte man dort etwas aufpassen.

Trotz seiner großen Anziehungskraft und den zahllosen Angeboten ist der Cospudener See nur ein Teil eines riesigen Gewässersystems aus insgesamt 18 ehemaligen Tagebauen, die das Neuseenland bilden. Die Idee der Flutung des Tagebaus südlich von Leipzig zum heutigen Cospudener See stammt übrigens noch aus DDR-Zeiten.

Adresse Hafenstraße 23, 04416 Markkleeberg, www.leipzigseen.de | **ÖPNV** Straßenbahn 11, Haltestelle Connewitzer Kreuz, ab dort Bus 107, Haltestelle Hafenstraße, Markkleeberg, Straßenbahn 9, Haltestelle Parkstraße, Markkleeberg, ab dort Bus 65, Haltestelle Cospudener See | **Tipp** Vom Hafen aus startet das kleine Ausflugsschiff »MS Cospuden« in den Sommermonaten stündlich ab 13 Uhr zu Rundfahrten über den See.

24_ Da Capo
Sammlung für Entdecker, Tagungen und Feiern

Langsam nähert sich die Kamera dem Auto, Musik befeuert die Emotionen, die Scheiben sind beschlagen, da greift Roses Hand ekstatisch von Innen gegen das Glas und wischt lustvoll darüber. Schnitt ins Fahrzeuginnere ... Nur wenige Filmminuten später kollidiert die unsinkbare Titanic mit einem Eisberg und sinkt am Ende des 194-minütigen, oscarüberhäuften Liebesdramas doch. Oder doch nicht?

Im Oldtimermuseum Da Capo könnte der Beweis für das Happy End für eines der schönsten Paare der Filmgeschichte stehen: der Renault E.F. 14/20 von 1914. Der sattelfeste Hobbyhistoriker wird aber bemerken, das Auto taugt nicht als Beweis für den möglicherweise größten Versicherungsbetrug des frühen 20. Jahrhunderts. Die Titanic sank also tatsächlich, und zwar noch zwei Jahre vor dem Bau dieses Oldtimers. Das hielt James Cameron 1997 aber nicht von der Inszenierung dieser Liebeszene mit Leonardo DiCaprio und Kate Winslet in genau diesem Renault ab. Im Zuge der Restaurierung des Oldtimers ließ die Messe, die das Auto nach Leipzig brachte, den Wagen von Rotbraun auf Messeblau lackieren. Trotzdem erzählt das wirklich gut erhaltene Schmuckstück eine beinahe 100-jährige Geschichte. Es ist aber nicht der einzige Zeitzeuge der Automobilisierung im Da Capo. Knapp 40 Oldtimer privater Sammler finden sich in der verspiegelten Ausstellungshalle.

Diese bietet aber mehr als nur museale Raritäten – neben Autos finden sich hier Flugzeugpropeller, allerlei Automaten, Mode und Alltagsgegenstände –, sondern sie ist als Eventhalle konzipiert. Beinahe 500 Gäste fasst die sanierte Halle der ehemaligen Landmaschinenfabrik »Rudolph Sack«, erbaut im Jahr 1895. Betrieben wird sie von der Leipziger Hotel Michaelis GmbH und das ganze Jahr über für große Firmenfeiern, Tagungen und Konferenzen genutzt. Der sonntägliche Brunch bietet einen guten Ausgangspunkt für das Entdecken des Da Capo und seine Schätze.

Adresse Karl-Heine-Straße 105, 04229 Leipzig (Plagwitzwww.michaelis-leipzig.de/de/da-capo/) | **ÖPNV** Straßenbahn 14, Haltestelle Gießerstraße, Bus 60, Haltestelle Bahnhof Plagwitz | **Öffnungszeiten** Mi–So 10–16 Uhr, Achtung: nicht geöffnet bei geschlossenen Veranstaltungen, siehe Homepage | **Tipp** Auf dem benachbarten Gebäude, das ebenfalls zum Da Capo gehört, steht eine alte Passagiermaschine der DDR-Interflug, eine russische Iljuschin IL-18.

25_ Das »Zum Wilden Heinz«
Für mich und dich und den Ziegenbock

Raum ist das, was Leipzig von den satten Metropolen des Landes unterscheidet. Den gibt es hier. Noch. Das wissen Gentrifizierungsmahner und Immobilienmakler. Ein besonders schönes Beispiel dafür, was entstehen kann, wenn Raum da ist, ist dieser Fleck Erde – bestehend aus drei Flurstücken, das sei betont, um die Anbeter des Gottes Mammon zu reizen. Der Gott, der hier herrscht, heißt Heinz. Ein Ziegenbock, ein echter.

Der kleine Stadtgarten mit Gastronomie »Zum Wilden Heinz« ist eines dieser unwahrscheinlichen Projekte, die den Leipziger Westen zu dem machen, was er ist, ein Viertel, das schwirrt und schwingt vor kreativer Energie und vor Möglichkeiten, alles natürlich sehr prekär und sehr sexy. Das kennen wir ja noch aus Berlin. Der Eigentümer der Grundstücke, der diese mit geringem Aufwand auch in dringend gesuchte Parkplätze hätte umwandeln und damit versilbern können, hält sich dezent im Hintergrund und lässt die Macher hinter dem Wilden Heinz machen.

Christin, so erzählt es die Chronik, brachte Idee und Ziegenbock ein und übergab das Ganze dann in die Hände von Stephan. Mit der Freude vieler Freunde ist aus der kleinen Privatidylle ein öffentlicher Ort geworden. Hier grast Heinz, hier treffen sich Mütter samt Kindern, hier findet sich Partyvolk ein, vom Mate-Trinker bis zum Anzugträger.

Getränke, viele selbst gemacht, und Speisen, alle selbst gemacht, werden aus dem kleinen Bauwagen gereicht, daneben brutzelt es im frei stehenden Lehmofen. Konzerte finden hier statt, DJs lassen ihre Laptops zu Hause und legen Vinyl auf, gern auch Jazz. Im Herbst wird die Blockhütte in Betrieb genommen, samt Kamin, das asiatische Dampfbad wird angeheizt, man rückt zusammen.

»Zum Wilden Heinz«, das ist weit mehr als eine weitere gut gemachte Szenegastronomie, das ist kein pfiffiges Konzept, sondern gelebtes Leben im Leipziger Westen. Schön!

Adresse Hähnelstraße 22, 04177 Leipzig (Lindenau), im Netz über Facebook | **ÖPNV** Straßenbahn 3 oder Bus 74 bis Felsenkeller, Straßenbahn 14 bis Haltestelle Karl-Heine-/Merseburger Straßen | **Öffnungszeiten** Sommerhalbjahr Di-Do ab 14, Fr-So ab 10 Uhr, Winterhalbjahr Di-So ab 15 Uhr | **Tipp** In der Merseburger Straße 39, parallel zur Hähnelstraße, betreiben Jan Barnick und Andrea Tizziani das „Lehmolandia". Dort fertigen sie alle möglichen und unmöglichen Einrichtungsgegenstände aus Lehm und geben auch Kurse.

26 Das Deutsche Kleingärtnermuseum

Lieber ein Kleingarten als kein Garten

Wer hätte damit gerechnet? Bis gestern noch der Inbegriff des Spießertums, sind Kleingärten heute total angesagt, und die hipsten unter den Großstadtbewohnern reißen den Kleingartenvereinen ihre Parzellen aus den Händen. Da ist es gut, angesichts des Hypes und der im kollektiven Bewusstsein fest verankerten Vorurteile gegenüber Kleingärtnern, auf den Ursprung dieser Bewegung zu blicken.

Nirgendwo kann man das besser und ausführlicher als im ersten und einzigen offiziellen Deutschen Kleingärtnermuseum. Das befindet sich nicht nur in Leipzig, weil die Stadt mit etwa 32.000 Gärten die höchste Kleingartendichte unter deutschen Großstädten vorzuweisen hat, sondern weil der Orthopäde Daniel Gottlob Moritz Schreber hier die entscheidenden Impulse für die Entwicklung der nach ihm benannten Schrebergärten gegeben hat. Dabei war das Ziel des Arztes nicht etwa eine Tomatenzucht für jeden Kleinbürger, sondern die Verbesserung der schlechten Lebensbedingungen für Großstadtkinder im 19. Jahrhundert durch das Anlegen von Spielplätzen. Der Leipziger Lehrer Ernst Innozenz Hauschild griff diese Idee nach Schrebers Tod auf und gründete den »Schreberverein der Westvorstadt«, einen Erziehungsverein zur Schaffung von Spielplätzen. Ab 1868 wurden um diese herum sogenannte Kinderbeete und Spielwiesen angelegt, mit der Zeit übernahmen die Eltern die Gartenpflege, zäunten die Gärten irgendwann ein und errichteten kleine Geräteschuppen, die Vorfahren der heutigen Gartenlauben.

Im Vereinshaus des ersten Schrebervereins, heute Kleingartenverein »Dr. Schreber«, wird diese Entwicklung präsentiert, allerdings nicht vordergründig, sondern gleichberechtigt mit der Kleingartenentwicklung in ganz Deutschland. Der historisch bewirtschaftete Museumsgarten und die Ausstellung historischer Gartenlauben im Laubengarten ergänzen die Ausstellung.

Garten Nr. 3

Erster erwähnter Pächter war ein Herr Gierbardt in den Jahren 1886 und 1887.

Bereits ab 1888 war der Garten in Besitz des Restaurators Franz Otto Eckhardt. Bis 1916 führte seine Witwe die Pacht fort.

Der Kaufmann August Grübbel übernahm ab 1916 den Garten.

Ab 1945 wurde der Garten von Erwin Wiecher gepachtet.

August Grübbel

August Grübbel in seinem Garten

DEUTSCHES KLEINGÄRTNERMUSEUM

Adresse Aachener Straße 7, 04109 Leipzig (Zentrum-West), www.kleingarten-museum.de | **ÖPNV** Straßenbahn 3, 4, 7, 8, 15, Haltestelle Waldplatz, Straßenbahn 1, 2, 14, Haltestelle Marschnerstraße | **Öffnungszeiten** Di–Do 10–16 Uhr, zus. Juni–Aug Sa–So 10–16 Uhr | **Tipp** Direkt hinter dem Vereinsgelände liegt das Schreberbad. Es ist aufwendig saniert und das am zentralsten gelegene Freibad der Stadt.

27 _ Die Deutsche Nationalbibliothek

20 neue Regalmeter am Tag

Ein seltsames, aber auf jeden Fall sehens- und besuchenswertes Ensemble gibt die Deutsche Nationalbibliothek ab. Für nicht Eingeweihte ist die Zusammengehörigkeit der drei zentralen Gebäudeteile allerdings kaum nachvollziehbar. Nur wenn man der Fassade folgt, sieht man, dass die gegensätzlichen Bauten tatsächlich miteinander verwachsen sind: Der mächtige monumentale Bau von 1916, der einen leichten Bogen um den Deutschen Platz beschreibt, der bisher etwas abseits stehende, fensterlose Bücherturm aus den späten Siebzigern und der nun alles verbindende, gerade eröffnete Neubau der Architektin Gabriele Glöckler.

Noch beeindruckender als die äußere Erscheinung dieses kollektiven Gedächtnisses ist allerdings die schiere Macht der Zahlen. Seit der Gründung 1912 werden in Leipzig Exemplare aller deutschen, deutschsprachigen und in Bezug zu Deutschland stehenden Medien, also Bücher, Zeitschriften und Datenträger, archiviert. Gemeinsam mit dem durch die deutsche Teilung entstandenen zweiten Standort in Frankfurt am Main werden so jedes Jahr 600.000 Medieneinheiten neu in den Bestand aufgenommen. Das sind allein in Leipzig täglich gut 20 neue Regalmeter. Die Aussage des für den ersten Bau verantwortlichen Architekten Oskar Pusch, dass in den kommenden Jahrhunderten wohl zwei Erweiterungsbauten notwendig würden, ist also längst überholt. Der moderne Bau nach dem Konzept »Umschlag – Hülle – Inhalt«, der nun auch das Deutsche Musikarchiv beheimatet, ist mit allen An- und Neubauten bereits die vierte Erweiterung. Die Planungen für den nächsten Bau laufen im Übrigen schon.

Ein Spaziergang um den Gebäudekomplex und die Gewissheit, dass dort all das wichtige, unwichtige und unmögliche Wissen, größtenteils in gedruckter Form, gehortet wird, wirkt im wahnwitzig schnellen digitalen Zeitalter sehr beruhigend.

Adresse Deutscher Platz 1, 04103 Leipzig (Zentrum-Südost), www.d-nb.de | ÖPNV Straßenbahn 2, 16, Bus 74, Haltestelle Deutsche Nationalbibliothek | Öffnungszeiten Lesesäle, Bücherausgabe, Information: Mo–Fr 9–22 Uhr, Sa 10–18 Uhr; Musiklesesaal und Museumslesesaal: Mo–Sa 10–18 Uhr | Tipp Im Erweiterungsbau der Nationalbibliothek hat auch das Deutsche Buch- und Schriftmuseum eine neue Heimat gefunden. In modernen Räumen und unter optimalen Bedingungen erzählt es täglich von 10–18 Uhr und donnerstags sogar bis 20 Uhr die spannende Geschichte von der Entstehung der Schrift über den Buchdruck bis zur digitalen Netzwelt.

28 — Das Doppel-M
Mehr als ein Logo

Wer genug hat von der beschaulichen Leipziger Innenstadt, den Parks, den Höfen und Passagen oder wer seinen Gästen mal ein richtig handfestes Stück Geschichte präsentieren will, der folgt am besten der Prager Straße vom Augustusplatz stadtauswärts. Dann, nach knapp drei Kilometern, zeigt sich ein monumentales Postkartenmotiv: das 27 Meter hohe, aluminiumverkleidete Doppel-M der Alten Messe vor dem Hintergrund des noch höheren, noch gewaltigeren, noch monumentaleren Völkerschlachtdenkmals. Da klicken nicht nur die Fotoapparate der japanischen Touristen, da öffnet sich auch in jedem noch so einsilbigen Leipziger eine Schleuse zum unendlichen Stausee von Messegeschichten.

Und die Geschichte der Messe in Leipzig läuft von jeher parallel zur Entwicklung der Stadt. Letztere entstand vor knapp 1.000 Jahren nämlich dort, wo sich die mittelalterlichen Handelswege Via Imperii und ihre Nordverlängerung, die alte Salzstraße, mit der Via Regia kreuzten. Die Basis für die wechselvolle Geschichte eines nach wie vor international bedeutenden Messestandortes.

Nach der Einführung der Mustermesse Ende des 19. Jahrhunderts begann eine wahre Boomphase, also musste ein Logo her. Der Leipziger Grafiker Erich Gruner entwickelte 1917 für das damals federführende »Meßamt für die Mustermessen« das Doppel-M, dessen Zwischenraum er eigentlich als drittes M interpretierte. Das dritte M geriet in Vergessenheit, das Logo hingegen findet sich, seit 1956 international geschützt, auch heute noch unter anderem blinkend am Turm der Neuen Messe, ewig rotierend auf dem Dach des Wintergartenhochhauses vis-à-vis dem Hauptbahnhof und in seiner ganzen überwältigenden Größe eben auch freistehend als Osttor der Alten Messe in der Prager Straße.

Konkurrenz machte dem MM nur das Messemännchen, Globuskopf mit Hut und Pfeife, aber das ist eine ganz andere der 1.000 und einer Geschichten zur Messe in Leipzig.

Adresse etwa Prager Straße 145, 04317 Leipzig (Reudnitz-Thonberg) | **ÖPNV** Straßenbahn 2, 15, Bus 74, Haltestelle Altes Messegelände | **Tipp** Auf der gegenüberliegenden Straßenseite befindet sich das »Antikhotel am Völkerschlachtdenkmal«. Und auch wenn die Griechen selbst nicht bei der Schlacht dabei waren, ist das griechische Restaurant im Erdgeschoss einen Besuch wert.

29 Drallewatsch

Die zentrale Kneipenautobahn

Kultur, Wissenschaft, Bildung und Wirtschaft – alles wichtige Standortfaktoren. Wie es um eine Stadt aber tatsächlich bestellt ist, sieht man am besten, wenn man den Ort mit der höchsten Kneipendichte aufsucht. In Leipzig dürfte das der oder das »Drallewatsch« sein, was wohl ein sächsischer Ausdruck für »Kneipentour« ist. Gemeint ist, und so kennt man es eher, das Barfußgässchen und der weitere Verlauf in der Kleinen Fleischer- und der Klostergasse.

Wer hier lange nicht unterwegs war, der könnte das Gefühl bekommen, unheimlich in die Breite gegangen zu sein. Konnte man hier nämlich früher ganz bequem zu dritt nebeneinander auf der Suche nach einem Platz am Kneipentisch durch die Gassen schlendern, eckt man jetzt von März bis Oktober beinahe bei jedem Schritt an. Jeder Quadratzentimeter des historischen Pflasters wurde hier mittlerweile zum Freisitz umgewidmet. Geschätzte 100 Heizstrahler und die hohe Dichte an aufgeheizten Touristen und Geschäftsleuten lassen gerade im engen Barfußgässchen ein ganz eigenes Mikroklima entstehen. Solange das Gas brennt, herrschen hier selten unter 20 Grad Außentemperatur. Die Auswahl der Restaurants und Bars ist dabei einigermaßen vielfältig.

Bei vielen Läden lohnt es sich, einen Schritt vom stickigen, überfüllten Außenbereich ins Innere zu machen. Da der Blick von außen durch den massiven Himmel aus Sonnenschirmen verstellt ist, offenbart sich erst in den großzügigen Gasträumen die Schönheit dieses historischen Gebäudeensembles aus Renaissance-, Barock- und Gründerzeit.

Das Coffe Baum, an der Ecke zur Kleinen Fleischergasse, ist übrigens eines der ältesten Kaffeehäuser Europas, seit 1711 werden hier Kaffee, Tee und Schokolade ausgeschenkt, das Kaffeemuseum in der oberen Etage dokumentiert die Geschichte. Neuzeitlicher Star und Boomladen der ersten Stunde ist sicher das SPIZZ, seit Mitte der 90er immer gut gefüllt.

Adresse Barfußgässchen, 04109 Leipzig (Zentrum) | **ÖPNV** Straßenbahn 9, Bus 89, Haltestelle Thomaskirchhof | **Tipp** Wer auch nach 3 Uhr nicht genug hat, ist zu Fuß in 10 Minuten im Flowerpower in der Riemannstraße, in genau dem richtigen Laden für den ultimativen Absacker. Und für 15 Euro pro Nacht kann man in der angeschlossenen Wohnung seinen Rausch im Mehrbettzimmer ausschlafen.

30 Die drei Gleichen
Bronze, Silber und Gold

Individualität stand in der DDR als Lebensstil nicht besonders hoch im Kurs. Das zeigte sich in vielen Lebensbereichen, nirgendwo aber eindrucksvoller, nachhaltiger und bis heute so prägend für viele Oststädte wie in der Architektur. Allerdings waren Architekten kaum vonnöten, wenn die Stadtplaner in die Schublade mit den verschiedenen Neubautypen griffen und diese an passender oder unpassender Stelle platzierten. Die mangelnde Abwechslung von Farben und Formen sorgte aber auch für ein hohes Maß an Orientierungssicherheit. So fand man als geübter Plattenbaubewohner bei jedem Nachbarn ohne Umweg aufs Klo.

In den »drei Gleichen« war das sicher ganz ähnlich. Die bis 1978 auf den Grundstücken kriegszerstörter Villen erbauten 16-Geschosser des Typs PH 16 dominieren noch heute den nordwestlichen Teil des Musikviertels und brechen das inzwischen aufwendig sanierte Gesamtbild gründerzeitlicher Bebauung auf beinahe skurrile Art und Weise. Über die Motive dieses stadtplanerischen Wurfs lässt sich sicher streiten, doch die Zeit hat die Fremdkörper ein Teil des Kiezes werden lassen. Und wenn sich die drei Wohntürme mit ihren jeweils über 130 Wohnungen heutzutage nach Einbruch der Dunkelheit im kleinen Teich des Johannaparks spiegeln, bleibt beinahe kein Fenster dunkel.

Damit das so ist, musste die Leipziger Wohnungs- und Baugesellschaft LWB in den vergangenen Jahren ganz ordentlich investieren. Wohnungen und Treppenhäuser wurden modernisiert, die Wände gedämmt. Im Wettbewerb um die Außengestaltung konnte sich das Dresdner Architektenbüro Knerer und Lang durchsetzen und verkleidete den hässlichen Waschbeton in Bronze, Silber und Gold. Den Studenten, Rentnern und Familien, die eine der sanierten Wohnungen ergattert haben, dürfte das Aussehen allerdings ziemlich egal sein, schaut man nämlich raus, hat man in alle Richtungen einen atemberaubenden Blick.

Adresse Karl-Tauchnitz-Straße 15–17, Wächterstraße 36, 04107 Leipzig (Zentrum-Süd) | **ÖPNV** Bus 89, Haltestelle Wächterstraße, Straßenbahn 2, 8, 9, Haltestelle Neues Rathaus | **Tipp** Neben den Wohntürmen wirkt der Kirchturm der evangelisch-lutherischen Kirche auf der gegenüberliegenden Seite des Johannaparks beinahe mickrig, architektonisch ist der neugotische Bau aus dem 19. Jahrhundert aber trotzdem um einiges interessanter.

31 Der Elstermühlgraben
Verschüttete Seele wieder freigelegt

Wer sich Leipzig, ob durch späte Geburt, späten Zuzug oder späten Besuch, erst nach 1960 erschlossen hat, für den tut sich in den zurückliegenden Jahren immer wieder der Boden auf und enthüllt Überraschendes. Da, wo sich noch bis vor wenigen Monaten ein Parkplatz, eine Brachfläche oder sogar eine Straße befanden, schaut man nun auf die glitzernde Oberfläche eines gar nicht mal so schmalen Kanals.

Hinter diesen städtebaulichen Veränderungen steckt nicht etwa der kühne Plan, die Stadt durch ein Wasserstraßensystem für Touristen anziehender zu machen, sondern der Versuch, vor allem den westlichen Stadtteilen ihre Seele wiederzugeben. Das klingt natürlich pathetisch, aber anhand des Elstermühlgrabens lässt sich das Drama um viele der kleinen innerstädtischen Fließgewässer Leipzigs gut erahnen.

Schon um das Jahr 1000 soll der Elstermühlgraben zum Betrieb von Mühlen und zur Hochwasserregulierung angelegt worden sein. Zu Beginn des 20. Jahrhunderts und mit zunehmender Industrialisierung nahm auch die Verschmutzung der Flüsse durch die Einleitung ungeklärter Abwässer immer mehr zu. Der Elstermühlgraben, der, abzweigend vom Elsterflutbecken, das Bach- und das Waldstraßenviertel durchfließt, die Grenzlinie zum Rosental bildet und sich unweit der Kläranlage wieder mit der Weißen Elster vereinigt, war stark in Mitleidenschaft gezogen und zur Belastung für die Anwohner geworden. Verrohren und überwölben nannte man das, was ab 1960 die einzige Lösung schien. Der Graben verschwand also unter der Erde und aus dem Stadtbild. Für die eng mit dem Gewässernetz verbundene Identität der westlichen Vorstadt war das ein harter Einschnitt.

Seit 1990, initiiert durch das Projekt »Neue Ufer«, wird die Freilegung und die Revitalisierung der verlorenen 1.000 Meter auch vonseiten der Stadtverwaltung mit aller Kraft und erfolgreich vorangetrieben.

Adresse Einmündung zum Stadthafen in Höhe Friedrich-Ebert-Straße 77, 04109 Leipzig (Zentrum-West) | ÖPNV Straßenbahn 1, 2, 8, 14, Haltestelle Westplatz | Tipp Ausgehend vom neu entstandenen Stadthafen an der Friedrich-Ebert-Straße kann man seit 2011 den »Kurs 1« mit dem Boot befahren. Er führt über eine 13 Kilometer lange Strecke und durch mehrere Schleusen von der Innenstadt bis zum Cospudener See.

32 Die Erlöserkirche
Moderner Neubau als Happy End

Leipzig hat viele Kirchen, Leipzig hat opulente Kirchen. Und Leipzig hat weltberühmte Kirchen. Schwere, mahnende sakrale Bauten. Die Erlöserkirche in Leipzig-Thonberg, etwas abseits der Prager Straße, ist all das nicht, und das macht sie so interessant. Leicht, luftig, transparent und offen. Glauben scheint hier, zumindest strahlt das der schlohweiße Bau aus, keine Insel, sondern eine Chance zu sein.

Die Erlöserkirche bietet der evangelisch-lutherischen Kirchengemeinde Leipzig-Thonberg nach über 60 Jahren wieder eine Heimat. Der Glaube daran hielt bei allen Rückschlägen über die Jahrzehnte. Die alte Erlöserkirche wurde am 27. Februar 1945 durch die Bomben der Alliierten zerstört. Der Turm, der den Angriff als einziger Gebäudeteil überstanden hatte, musste im Nachhinein gesprengt werden. Nach dem Krieg wurde der Gemeinde ein neuer Kirchbauplatz zugewiesen, am Standort der ebenfalls zerstörten Kapelle des Arbeitshauses St. Georg in der Dauthestraße. Von da an versammelten sich die Gemeindemitglieder regelmäßig unter freiem Himmel, beräumten den Platz und hofften. Aus finanziellen Gründen war an einen Neubau aber längst nicht zu denken. Der Gottesdienst wurde in der Kapelle der Salomonstiftung abgehalten. Gegen Ende der DDR schien eine eigene Kirche wieder in greifbare Nähe zu rücken. Die Gemeinde hatte über die Jahre eine erhebliche Summe angespart und wurde ins »Kirchliche Neubauprogramm der DDR« aufgenommen. Ironie der Geschichte: Die Wende machte dem Projekt einen Strich durch die Rechnung. Die aus den alten Ländern zugesagten Mittel standen nicht mehr zur Verfügung, die Währungsunion ließ außerdem die Kosten steigen und den Wert des Ersparten sinken.

2005, nach sechs Jahrzehnten ohne eigene Kirche, wurde der Grundstein zum Bau nach Entwürfen der Dresdner Architektengemeinschaft Zimmermann doch noch gelegt. Pfingstsonntag 2006 wurde die Kirche schließlich geweiht.

Adresse Dauthestraße 1a, 04317 Leipzig (Reudnitz-Thonberg), www.erloeserkirche-leipzig.de | **ÖPNV** Straßenbahn 12, 15, Haltestelle Prager Straße/Riebeckstraße | **Tipp** Glaube und geistige Getränke gehören seit jeher zusammen. Nur wenige Gehminuten von der Kirche entfernt, in der Mühlstraße, bietet die Sternburg Brauerei Führungen an, www.sternburg-bier.de.

33 Die Evangelisch-reformierte Kirche

Die Welt blickt aus dem Turmfenster

Ein wirklich beeindruckender Bau, diese Evangelisch-reformierte Kirche mit angeschlossenem Predigerhaus. 1896 bis 1899 im Stil der Neorenaissance erbaut, mit Platz für 700 Menschen und mit einem auffälligen 67 Meter hohen Turm, den eine Uhr mit blau-goldenem Zifferblatt ziert. Mit ihrer exponierten Ecklage auf dem Tröndlinring an der Einmündung zur Löhrstraße dominiert sie das Stadtbild an dieser Stelle seit über 100 Jahren.

Weniger ihr unbestritten hoher kunsthistorischer Wert als gerade die Lage und die Höhe des einigermaßen zugänglichen Turms haben die Evangelisch-reformierte Kirche zu einem festen Ort der deutsch-deutschen Geschichte gemacht. Sensationell ist der Blick vom kleinen Turmfenster aus über die Innenstadt auch heute. Man kann die Dynamik dieser Stadt hier fassen, staunt angesichts der Veränderungen und immer neuer, zukunftsweisender Baustellen.

Was Siegbert Schefke und Aram Radomski von hier aus am 9. Oktober 1989 aber gesehen haben, das überstrahlt noch heute und auch in Zukunft jedes noch so ambitionierte Neubauprojekt. Die beiden Berliner blickten auf über 70.000 Demonstranten, die gekommen waren, um ein überholtes, ungerechtes, totalitäres System zu stürzen. Und sie leisteten ihren Teil zur friedlichen Revolution, indem sie diesen Blick mit einer eingeschmuggelten Kamera einfingen und diese Bilder noch am selben Abend außer Landes schafften. Mit der Schutzbehauptung, die Bilder wären von einem italienischen Kamerateam gedreht worden, sendete die ARD diese und befeuerte damit den Mut der aufständischen DDR-Bürger. Als Schefke und Radomski 2009 der Bambi in der Kategorie »Stille Helden« überreicht wurde, begründete die Jury das mit der Einschätzung: »Ihre Aufnahmen gehören zu den wertvollsten Bilddokumentationen der deutschen Geschichte.«

Adresse Tröndlinring 7, 04105 Leipzig (Zentrum-Nord) | **ÖPNV** Straßenbahn 1, 3, 4, 7, 9, 12, 13, 14, 15, Haltestelle Goerdelerring | **Tipp** Das benachbarte 5-Sterne-Hotel »Fürstenhof« ist nicht nur irgendeine Edelabsteige, sondern vor allem auch bei den Stars beliebt. Spielt irgendeine ganz große Nummer in der Arena, im Stadion oder auf der Festwiese, stehen die Chancen für Groupies schlecht, hier auf das Ziel der Begierde zu stoßen.

34 Die Feinkost
Niemand hat vor, einen Büroturm zu errichten

Streng im Takt und bunt leuchtend löffelte an der Fassade des VEB Feinkost in der Karl-Liebknecht-Straße die Löffelfamilie ihre Suppe frisch aus der Konservendose. Ursprünglich sollte jedes der vier Familienmitglieder in individueller Geschwindigkeit löffeln dürfen. Doch die Kosten für die separate Schaltung waren bei der Installation 1975 zu hoch.

So bekam die Leuchtreklame, die für Güter warb, die im überschaubaren, immergleichen Sortiment ostdeutscher Kaufhallen ohnehin konkurrenzlos im Regal standen, den schönen Spitznamen Löffelbrigade. Die Stadt Leipzig, die im Rahmen der Messe internationale Gäste von der Leistungsfähigkeit des Sozialismus überzeugen sollte, leistete sich zahllose aufwendige Lichtwerbung. Eine beleuchtete Insel in der dunklen und werbefreien DDR.

Die Geschichte der Löffelfamilie und des VEB Feinkost wendete sich mit der Wende. Der Betrieb wurde abgewickelt, und die Treuhand verwaltete den neuen Leerstand. Die als Zwischenlösung gedachte Vermietung an lokale Händler, Dienstleister und Künstler belebte den Standort, der im 19. Jahrhundert ursprünglich eine Brauerei beheimatete, äußerst erfolgreich. Ein Teil des Objektes wurde abgerissen, ein Lebensmitteldiscounter entstand, und nach großer öffentlicher Empörung und Unterschriftensammlung waren der Abriss der verbliebenen Gebäude und die Neubebauung vom Tisch.

Eine Genossenschaft der ansässigen Gewerbetreibenden, Künstler und Kulturarbeiter erwarb nach langen Querelen die Feinkost 2007 für 100.000 Euro. Nun wird der Standort entwickelt, ohne dabei den gewachsenen Charakter zu verändern. Eine Führung über das spannende Gelände und vor allem durch die verbliebenen 2.000 Quadratmeter großen Kellergewölbe gibt tiefe Einblicke in die bewegte Geschichte des Ortes. Die Löffelfamilie ist nach zweimaliger Sanierung nach wie vor das sympathische Markenzeichen der Feinkost.

Adresse Karl-Liebknecht-Straße 36, 04107 Leipzig (Zentrum-Süd), www.feinkostgenossenschaft.de | **ÖPNV** Straßenbahn 10, 11, Haltestelle Südplatz | **Öffnungszeiten** das Gelände ist zugänglich, Führungen einmal im Monat nach Voranmeldungen im Internet unter www.evendito.de oder unter Tel. 0341/3032446 | **Tipp** Ein anspruchsvolles Sortiment aus ganz unterschiedlichen Kinder- und Jugendbüchern, abseits des Mainstreams, bietet der Kinderbuchladen Serifee auf dem Feinkostgelände an, www.kinderbuchladenserifee.de.

35 Der Felsenkeller
Dorfkneipe, Versammlungssaal, Möbelhaus

Ein wenig kitschig und doch irgendwie erhaben steht der Felsenkeller an der Kreuzung Karl-Heine-Straße/Zschochersche Straße. Täglich rauscht das Leipziger Leben vorbei am zweigeschossigen Turm mit seiner ausladenden Kuppel und der verzierten neobarocken Fassade, umspannt vom dichten Netz aus Straßenbahn-Oberleitungen. Manchmal erweckt den schlafenden Ort laute Musik zum Leben. Dann klirren die üppigen Kronleuchter an der Decke des Ballsaals, dann atmet der alte Bau wieder. Der Felsenkeller ist aber viel mehr als eine weitere Konzert-Location mit historischer Fassade. Er ist ein in Stein gehauener Zeitzeuge der Entwicklung der Messestadt im Wandel bewegter Zeiten.

Tatsächlich ließ der Bierbrauer Carl Wilhelm Naumann an dieser für Leipziger Verhältnisse ungewöhnlich hügeligen Stelle einen Keller in den Fels schlagen, um hier mit Eis aus der winterlichen Elster oder aus extra angelegten Gewässern sein Bier zu kühlen. 1844 ließ er oberirdisch ein Lokal erbauen. Die gute Aussicht über die Auenwiesen auf die Stadt zog die Leipziger in rauer Menge in das 500-Seelen-Dorf Plagwitz und in den Felsenkeller. Keine 50 Jahre später und im Zuge der Industrialisierung wurde die Ortschaft, die mittlerweile 13.000 Bewohner zählte, eingemeindet. Die Brauerei Naumann ließ die renommierten Leipziger Architekten Schmidt & Johlige ans Reißbrett treten und ein Vergnügungslokal mit Platz für bis zu 1.000 Gäste planen. 1890 wurde der neue Felsenkeller unweit des alten Standorts eröffnet. Neben einem Ort der Vergnügungskultur wurde dieser im prekären Leipziger Westen aber auch zum Versammlungspunkt der starken Arbeiterbewegung. Liebknecht, Luxemburg, Zetkin, Thälmann – sie alle sprachen im Felsenkeller.

Zu DDR-Zeiten blieb er kulturelles Zentrum, Versammlungssaal und Gaststätte. Nach einer kurzen Karriere als Möbelhaus stand er lange Zeit leer, wird jetzt aber saniert und seit Ende 2014 wieder regelmäßig bespielt.

Adresse Karl-Heine-Straße 32, 04229 Leipzig (Plagwitz), www.felsenkeller-leipzig.com | **ÖPNV** Straßenbahn 3, 13, 14, Bus 74, Haltestelle Felsenkeller | **Tipp** Einen spannenden baulichen Kontrast zum Felsenkeller stellt die von Otto Fischbeck im Bauhausstil entworfene Plagwitzer Stadtteilbibliothek dar. Bei ihrer Eröffnung als IV. städtische Bücherhalle im Jahr 1929 war sie das erste eigenständige Bibliotheksgebäude der Stadt.

36__ Der Fockeberg
Gute Aussicht vom Trümmerhaufen

Leipzig ist ziemlich flach. Erzgebirge, Thüringer Wald oder Harz sind mindestens eine Autostunde entfernt. Die Radfahrer, und davon gibt es einige in Leipzig, freut das. Doch selbst die allerhöchste Erhebung der Stadt taugt nicht zum alpinen Lustgewinn. Gut 150 Meter über Normalnull, das Stadtgebiet liegt im Schnitt bei etwa 110 Metern, sind eher für gemütliche Spaziergänge denn für atemberaubende Aufstiege geeignet.

»Gewachsen« ist der Fockeberg erst nach 1945. Damals trug man die Trümmer des Krieges aus dem gesamten Stadtgebiet zusammen, häufte sie auf und ließ Gras darüber wachsen. So taugt der Trümmerberg jetzt tatsächlich als Naherholungsgebiet. Doch auch nach beinahe 70 Jahren spießen am teilweise asphaltierten Wegesrand immer noch Trümmer aus dem Boden. An nebeligen Wintertagen werden sie so ganz unabsichtlich zu eindrucksvollen Denkmälern. Vor allem die zahllosen Hunde des Leipziger Südens stört das herzlich wenig, und so muss man die Schritte aufmerksam setzen, um nicht ständig von einem Haufen in den nächsten zu treten. Wenn man den sanften Anstieg vorbei an einigen Holzskulpturen aber hinter sich gebracht hat, sieht man, dass die gut 40 Meter Nettohöhe locker reichen, um einen grandiosen Überblick über das flache Leipzig und das weitere Umland zu bekommen. Der »Gipfel« selbst ist gut angelegt, mit Wiese und Sitzgelegenheiten, sodass man auch hier im Sommer kleine Gruppen schwitzend Grill und Bierkasten hinaufschleppen sieht.

Außerdem dient der Fockeberg als Dreh- und Angelpunkt für zwei ziemlich gegensätzliche Sportevents. Beim alljährlichen Fockebergzeitfahren quälen sich die Leipziger Radfahrer in ganz unterschiedlichen Leistungsgruppen den Berg hinauf. Das Seifenkistenrennen »Prix de Tacot«, organisiert vom soziokulturellen Zentrum naTo, ist seit über 20 Jahren ein Magnet für verrückte Bastler, Rennfahrer und Tausende Zuschauer.

Adresse Fockestraße, zwischen Kurt-Eisner-Straße und Richard-Lehmann-Straße, 04275 Leipzig (Südvorstadt) | **ÖPNV** Straßenbahn 9, 10, 11, Haltestelle Richard-Lehmann-Straße/Karl-Liebknecht-Straße, Bus 60, 74, 89, Haltestelle Fockestraße | **Tipp** Leipzigs Spätverkäufe, »Spätis«, sind Teil der urbanen Nachwendekultur. Wer sich für den Sommerabend auf dem Fockeberg eindecken will, kann das bei großer und liebevoller Auswahl in Tante Emma's Lädchen in der Kochstraße 35 tun.

37 — Frau Krause
Zeitreise bei Bier und gebratenem Käse

Wer ist diese Frau Krause eigentlich? Jeden Abend statten ihr kräftige Connewitzer Kerle einen Besuch ab, bleiben auch mal länger, ab und zu auch mal die ganze Nacht. Sie gehen zum Fußball gucken zu ihr, zum Skat spielen.

Kochen kann sie auch. Trotzdem halten sie viele für eine Schönheit. Die Naturbelassene sieht noch genauso gut aus wie damals in den Fünfzigern. Diese Frau Krause ist ein Denkmal, aber kein verstaubtes, museales, keins, das sich in Nostalgie kleidet. Frau Krause ist Geschichte und Gegenwart und Zukunft in einem. Soweit man das jetzt schon sagen kann.

Frau Krause ist eine Kneipe im Stadtteil Connewitz. Und der Laden ist so herrlich unaufgeregt und im besten Sinne authentisch, dass die großartigen Geschichten gar nicht erzählt werden müssten, um den Kneipenfreund oder die Kneipenfreundin zu begeistern. Macht man natürlich trotzdem. Schließlich existiert der Laden seit 1953. »Marienburg« hieß er damals, dort hatte ein Teil der Familie Krause ihre Wurzeln. Später war Hannelore Krause am Drücker, zusammen mit ihrem Mann. Eine strenge, aber liebenswerte Frau, die ihre Gäste im Griff hatte. Bis 1999, da folgte Hannelore ihrem Mann in den Ruhestand und übergab das Erbe, das Lebenswerk, an Max, der bis dahin in der Küche stand.

Irgendwann ging Max, Sascha kam, Peter stieg ins Boot, und Seite an Seite mit einem festen Stamm an Leuten betreiben sie den Laden noch immer im Sinne von Frau Krause und inzwischen auch unter ihrem Namen. Natürlich befindet sich mittlerweile die zweite oder dritte Generation Stammgäste im Durchlauf. Connewitzer Publikum, Studenten, Alternative, Kreative. Letztere machen den Laden immer wieder zur Filmkulisse. Die »SOKO Leipzig«, der unvermeidliche »Tatort« und »Carlos – Der Schakal« waren schon zu Gast. Im Sommer gibt es seit ein paar Jahren auf der gegenüberliegenden Straßenseite auch noch einen Freisitz.

Adresse Simildenstraße 8, 04277 Leipzig (Connewitz) | ÖPNV Straßenbahn 9, Haltestelle Mathildenstraße, Straßenbahn 10, 11, Bus 70, 89, Haltestelle Connewitzer Kreuz | Öffnungszeiten täglich ab 18 Uhr | Tipp Während Frau Krause weitestgehend die deftige Küche pflegt, bekommt man im »Deli« um die Ecke in der Wolfgang-Heinze-Straße leckere, vegane Gerichte zum Sofortverzehr oder Mitnehmen.

38 — Die Galerie für Zeitgenössische Kunst

Kunst zum Gucken, Trinken und darin Übernachten

Wenn das Museum der bildenden Künste eine massive Burg ist, ist die Galerie der Zeitgenössischen Kunst die belebte Sommerresidenz. Kontrastreich kommt das Gebäudeensemble der Herfurthschen Villa mit dem modernen Anbau und dem transparenten Neubau daher. Wunderschön gelegen mit direktem Blick in den Johannapark. Keine schweren Türen, die den Strom aus ernst dreinblickenden Besuchern regeln. Die Kunst lebt hier, wird geatmet, gefühlt, hinterfragt und diskutiert. Das ist Absicht und Konzept des Hauses, das den musealen Charakter ganz bewusst auflöst.

Die verschiedenen Wechselausstellungen zur modernen Kunstszene und die ständige Arbeit mit der eigenen Sammlung machen die Galerie für Zeitgenössische Kunst zum regelmäßigen Anlaufpunkt. Aber die Macher hinter der Galerie wollen mehr. Unter dem Label »GfZK FÜR DICH« findet im Haus, in den Ausstellungsräumen und im Stadtgebiet lebensnahe Kunstvermittlung für Kinder statt. Der angeschlossene Garten bietet Raum für den Rückzug und den Austausch. Zurückziehen kann man sich auch ins integrierte Hotel »Paris Syndrom«, gestaltet vom Künstler Jun Yang, der zum Teil auch für die Gestaltung der Außenanlagen verantwortlich war. Das Paris-Syndrom beschreibt das Trauma der enttäuschten Erwartungen japanischer Touristen beim ersten Besuch der französischen Hauptstadt. Diese Enttäuschung, das Spiel mit Nachbildungen, Kopien und deren tatsächlich eigenständiger Wirkung, losgelöst vom Original, hat sich der Künstler hier zum Thema gemacht.

Und dann gibt es da noch das Café Kafiè, das lebendige Zentrum der GfZK und an sich ein eigenes Kunstprojekt. Regelmäßig wird dessen Konzept und Einrichtung von internationalen Künstlern komplett verändert. Nach dem KAFIČ lädt jetzt das ›bau bau‹, gestaltet von Céline Condarelli, ein.

Adresse Karl-Tauchnitz-Straße 9–11, 04107 Leipzig (Zentrum-Süd), www.gfzk-leipzig.de |
ÖPNV Bus 89, Haltestelle Wächterstraße, Straßenbahn 2, 8, 9, Haltestelle Neues Rathaus |
Öffnungszeiten Di–Fr 14–19 Uhr, Sa, So 12–18 Uhr, jeden Mittwoch freier Eintritt |
Tipp Das Kowalski ist offizieller Gastro-Geheimtipp im Viertel, interessant und sehr mediterran ist aber auch die Salumeria da Daniele in der Beethovenstraße. In dem kleinen Laden bekommt man sehr gutes Essen zum Sofortverzehr oder zum Mitnehmen, kann aber vor allem auch seinen Kühlschrank einmal italienisch bestücken.

39 Die Galopprennbahn Scheibenholz

Alter Adel, Neureiche und regionale C-Prominenz mit Hut

Ob man sich für Pferde interessiert oder nicht, die Galopprennbahn mit ihrer wunderschönen denkmalgeschützten Holztribüne zieht seit über 100 Jahren Touristen wie Einheimische magisch an. Die großflächige Anlage mitten im südwestlichen Zentrum der Stadt gibt von vielen Straßen aus den Blick auf das hölzerne Tribünengebäude mit seinen zwei markanten Türmen frei.

Entstanden ist die Rennbahn 1867. Die Tribüne wurde nach Plänen des Leipziger Architekten Otto Paul Burghardt für die damals vergleichsweise hohen Baukosten von 288.000 Mark errichtet und nach einem guten halben Jahr Bauzeit Ende Mai 1907 eingeweiht. Trotz der teilweisen Zerstörung der Anlage durch die Bomben des Zweiten Weltkrieges und einiger baulicher Eingriffe ist die Tribüne weitestgehend erhalten geblieben. In den zurückliegenden Jahren wurde sie vom Betreiberverein, dem Leipziger Reit- und Rennverein Scheibenholz e.V., und mit Hilfe von Subventionsmitteln aufwendig saniert.

Die vier bis fünf Renntage zwischen April und Oktober ziehen eine illustre Menschenmischung an. Pferdebesitzer aus dem ganzen Land, Neureiche und alter Adel und regionale C-Prominenz treffen auf die durchschnittliche Leipziger Familie, neugierige Studenten und Leute, die das oftmals oberflächliche Theater verachten und gerade deshalb auch mal im Scheibenholz vorbeischauen.

Doch die Rennbahn hat mehr zu bieten als Pferdewetten. Das bereits früher beliebte Rennbahnlokal im Sockel der Tribüne wurde nach langer Sanierung samt riesigem Biergarten im April 2014 wiedereröffnet. Auch hier kann man Boote für eine Paddeltour über das Elsterbecken und die weitverzweigten Kanäle ausleihen. Benannt ist die Rennbahn nach der Familie Scheibe, der das Wäldchen im 15. Jahrhundert gehörte.

Adresse Wundtstraße/Karl-Tauchnitz-Straße, 04107 Leipzig (Zentrum-Süd), www.galoppimscheibenholz.de und www.rennbahn-leipzig.de | ÖPNV Bus 89, Haltestelle Telemannstraße | Tipp Wochentags steht der bunt bemalte, etwas heruntergekommen wirkende Wohnwagen mit seinem deftigen Bratwurstangebot vor der Rennbahn. Im Sommer ist er die günstigere und schnellere Alternative zu den überfüllten Grillbuden im Park und ein guter Ort für die Mittagspause.

40 Das Gästehaus des Ministerrates

Die Herren baten zu Tisch

Man vermutet in diesem verfallenen Plattenbau, zugedeckt von einer wilden Gründecke, eine Art modernes Dornröschenschloss. Wenn dort allerdings noch jemand schlafen sollte, dann höchstens ein vergessener DDR-Minister. Denn obwohl der 39-köpfige Ministerrat etwa den politischen Einfluss eines heutigen Bundespräsidenten hatte, oder vielleicht auch gerade deswegen, ließen sich die Herren 1969 dieses Gegengewicht zum pompösen Gründerzeitschick mitten ins Musikviertel stellen. Entweder, um das zu dieser Zeit noch einigermaßen gut erhaltene Ensemble bewusst zu brechen, aus dem Glauben heraus, moderne Architektur hervorzubringen, oder weil sie es nicht besser wussten. Eine Fragestellung, die sich ohne Weiteres auf so ziemlich jeden Bereich der Staatsführung übertragen lässt.

Klar ist, dass hinter rankendem Baum- und Buschbewuchs heute noch das längst abgetakelte Gästehaus, eine Art Sommerpalais des Ministerrates der DDR, steht. Einer der prominentesten Gäste war wohl Franz Josef Strauß. Der sonst so verhasste CSU-Chef hatte bei seinem Besuch 1983 ein nettes Westpaket im Gepäck. Strauß, eigentlich als Hardliner in Ostfragen bekannt, fädelte einen Milliardenkredit ein, der der klammen DDR aus der Klemme helfen sollte. Da lachten die Herzen der Genossen.

Ansonsten wurden in dem sehr mondän eingerichteten Haus hochrangige Messegäste empfangen, verwöhnt und natürlich abgehört. Nach der Wende wurde das Haus kurze Zeit als Hotel betrieben. 1995 versteigerte man angesichts des geplanten Abrisses die Einrichtung. Im Galerie Hotel Leipziger Hof, im Nordosten der Stadt, ist ein Teil des Interieurs gelandet, hier kann man noch heute in einer original DDR-Ministerrat-Suite übernachten. Doch das Haus in der Schwägrichenstraße steht noch immer und wartet auf Investoren oder die Abrissbirne.

Adresse Schwägrichenstraße 14, 04107 Leipzig (Zentrum-Süd) | **ÖPNV** Bus 89, Haltestelle Robert-Schumann-Straße | **Tipp** In der angrenzenden Haydnstraße sieht man anhand der neu erbauten Stadthäuser, wie heute versucht wird, moderne Architektur in ein historisches Umfeld zu integrieren.

41 Die Gedenktafel Leopoldstraße

Tödliche Schüsse im Bermudadreieck

Mittlerweile ist Connewitz ein ganz normales Viertel mit größtenteils sanierten Altbauten, ein paar modernen Stadthäusern, Dönerbuden neben Esoterikläden, einigen Kneipen und Tattoo-Studios neben roten, blauen oder grünen Versicherungsbüros.

Die Punker vor den vergitterten Kaufhallenfenstern erinnern an die Zeit, als im »Bermudadreieck« zwischen Bornaische, Wolfgang-Heinze- und Stockertstraße die Gesetzmäßigkeiten der gerade wiedervereinten Bundesrepublik außer Kraft gesetzt waren. Von ambitionierten Linken, alternativen Ökos, Totalverweigerern und einigen Künstlern. Ganze Häuserzeilen löchriger Bauten hatte die ungleiche Gemeinschaft damals besetzt und fühlte sich vereint im Kampf gegen Nazis und das Establishment. Polizisten sah man hier, wenn überhaupt, unter Schutzhelmen und hinter Schilden. Der rechtlose Raum bot Platz für Ideen, war aber nicht ohne Gefahren.

In der mittlerweile sanierten Leopoldstraße 29 erinnert eine Gedenktafel an Steffen Thüm, der in der Nacht vom 22. auf den 23. Dezember 1992 von einer Gewehrkugel aus einem fahrenden Auto niedergestreckt wurde und an den Folgen starb. Der 21-Jährige war, so brachten es die Untersuchungen ans Licht, Opfer eskalierender Selbstjustiz geworden. Ein Medizinprofessor hatte ein paar Schläger aus dem Rotlichtmilieu zusammengetrommelt, um sich für den Diebstahl seiner nagelneuen Limousine zu rächen. Das Auto war längst wieder aufgetaucht, als die Jagd nach dem Dieb außer Kontrolle geriet. Steffen Thüm gehörte zu der Gruppe, die dem Gejagten zu Hilfe eilten. Wer genau den tödlichen Schuss abgab, konnte bis heute nicht mit Sicherheit geklärt werden. Der Professor wurde im zweiten Prozess zu sechs Jahren Haft verurteilt. Die Gedenktafel soll an Steffen Thüm, an diese Nacht und auch an eine Zeit erinnern, in der alles möglich schien und in der doch vieles schieflief.

Adresse Leopoldstraße 29, 04277 Leipzig (Connewitz) | **ÖPNV** Straßenbahn 9, Haltestelle Mathildenstraße, Straßenbahn 11, Haltestelle Pfeffingerstraße | **Tipp** Die Lückenschließung zwischen den Altbauten erfolgte manchmal mit der architektonischen Brechstange. Es gibt in Connewitz aber auch viele gute Beispiele. Die Stadthäuser in der Pfeffingerstraße mit ihren holzlamellenverkleideten Sichtbetonfassaden gehören dazu.

42 Die Georg-Schumann-Straße

Urbanes Sorgenkind mit Potenzial

Um einen Gast zu beeindrucken, würde ein Leipziger nie die Autobahnabfahrt Nord und somit die Stadteinfahrt über die Georg-Schumann-Straße empfehlen. Zu hässlich, zu ärmlich, zu glanzlos. Allerdings macht den Charme einer Stadt ja nicht nur die auf Hochglanz polierte Touristenmeile aus. Und schaut man genau hin, am besten bei Sonnenschein, erkennt man die Schönheit der Georg-Schumann-Straße. Hier scheint alles möglich oder eben nichts. Hier steht aufwendig Saniertes neben augenscheinlich Einsturzgefährdetem. Hier residiert der Edeloptiker vis-à-vis dem Wettbüro mit geheimnisvoll verklebter Schaufensterfront. Kaum sonst wo in der Stadt gibt es eine so hohe Dichte an Gebrauchtwarenläden und an internationalen Schnellimbiss-Angeboten unterschiedlichster Qualität. All das wird überspannt von einem dichten Netz aus Straßenbahnoberleitungen und zerfurcht von einer schier endlosen Autoschlange.

Die Georg-Schumann-Straße ist eines der Sorgenkinder der Stadt – hoher Leerstand, geringe Verweildauer und eine überdurchschnittlich hohe Arbeitslosigkeit –, hat aber durchaus auch Potenziale. Rechts und links in den Nebenstraßen findet man bereits viele Beispiele positiver städtebaulicher Entwicklung. Seitens der Stadt soll nun auch die Entwicklung der Georg-Schumann-Straße als eines der wichtigsten Fördergebiete gezielt vorangetrieben werden.

Auch die Geschichte der Straße ist alles andere als homogen. Auf einer Gesamtlänge von knapp sechs Kilometern führt sie von der nördlichen Innenstadt durch die Stadtteile Gohlis, Möckern bis nach Wahren. In den ehemals eigenständigen Gemeinden trug sie unterschiedliche Namen, erst mit den Eingemeindungen wurde sie zur Hallischen Straße und 1945 zur Georg-Schumann-Straße, benannt nach einem kommunistischen Widerstandskämpfer. Mit der Straßenbahnlinie 11 kann man die komplette Straße abfahren.

Adresse Georg-Schumann-Straße, 04105 Leipzig (Zentrum-Nord), 04155 Leipzig (Gohlis-Süd), 04159 Leipzig (Möckern), 04159 Leipzig (Wahren) | **ÖPNV** Straßenbahn 11 vom Hauptbahnhof bis nach Schkeuditz | **Tipp** Kommissar Ehrlicher alias Peter Sodann ging ins Maga Pon in der Gottschedstraße, sein Nachfolger Andreas Keppler mochte es etwas abseitiger. Er wohnte bis zur letzten Folge des Ermittlerteams in der Pension »Zur 102« in der Georg-Schumann-Straße 102.

43 — Der Gewässerknoten
Mit dem Boot in die Stadt

Es gibt keinen schöneren Zeitvertreib in Leipzig! Rein ins Ruderboot, in den Kajak oder den Kanadier, ran an die Paddel, und schon gleitet man in eine andere Welt. Und tatsächlich sieht die boomende Halbmillionenstadt aus keiner Perspektive besser, romantischer, verwunschener aus. Stundenlang kann man über die großen und kleinen Flüsse und Kanäle fahren, entdeckt kleine Seitenarme, kann die versteckten Wassergrundstücke bewundern, unter Brücken hindurchfahren, die man sonst nur von oben kennt, und ist dabei immer wieder überrascht, wie weit das verzweigte Wassernetz in die Stadt hineinführt. Wer Leipzig vom Wasser aus kennenlernt, der lernt eine neue Stadt kennen.

Grund für die Dichte an Fließgewässern ist die Lage der Stadt in der Leipziger Tieflandbucht. Seit Jahrtausenden fließen die Weiße Elster, die Pleiße und Parthe hier zusammen, bilden gemeinsam mit zahllosen Seitenarmen und Flussläufen den Leipziger Gewässerknoten, eine Art Binnendelta. Beste Vorraussetzung für das Entstehen des heute noch teilweise erhaltenen Auenwaldes.

Mit zunehmender Besiedlung wurden viele der Gewässer zur wirtschaftlichen Nutzung oder als Hochwasserschutz umgeleitet, trockengelegt oder kanalisiert, darüber hinaus wurden Gräben und Kanäle neu angelegt. Der nach seinem Initiator benannte zweieinhalb Kilometer lange Karl-Heine-Kanal sollte der Wasserstadt Leipzig über die Saale einen Zugang zur Binnenschifffahrt verschaffen, zu diesem Anschluss kam es aber nie.

Die fortschreitende Industrialisierung im 20. Jahrhundert führte dann zu einer immensen Verschmutzung der innerstädtischen Gewässer. Seit der Wende wird kontinuierlich an der Renaturierung, Freilegung und touristischen Nutzbarmachung gearbeitet. Von den verschiedenen Bootsverleihen aus kann man sich so mittlerweile auf Touren durch die Stadt, ins Umland bis hin zu den verschiedenen Seen begeben.

Adresse Am Elsterwehr, hier kreuzen sich Stadtelster, Elsterflutbett und Elstermühlgraben, 04109 Leipzig (Zentrum-West) | **ÖPNV** Straßenbahn 1, 2, Haltestelle Clara-Zetkin-Park | **Tipp** Biegt man mit dem Boot von der Stadtelster etwa in Höhe der Industriestraße in den unscheinbar wirkenden Karl-Heine-Kanal ab, erreicht man recht schnell das »Riverboat«. In dem spektakulären Brückenbau zeichnete der MDR seine gleichnamige Talkshow auf, heute bietet es als »Kulturhafen Riverboot« Raum für Tagungen und Veranstaltungen und Arbeitsplätze für Kreative.

44 Das Gohliser Schlösschen
Rokokokleinod mit Geschichte

Schlösschen ist etwas tiefgestapelt. Wie sich die Besserbesserverdiener heute eine 500-Quadratmeter-Finca auf Mallorca leisten, ließen sich Leute wie der Ratsbaumeister und Kaufmann Johannes Caspar Richter im 18. Jahrhundert auf der Fläche zweier ehemaliger Bauerngüter ein barockes Sommerpalais hinstellen, das jedem ungefragt klarmachte, wie es um die Hausfinanzen bestellt war.

Was damals in dem Dörfchen Gohlis bestaunt oder belächelt wurde, hat sich über die Jahrhunderte zum Kleinod gemausert. Schon allein weil es kaum ähnlich gut erhaltene Anlagen aus der Zeit des Rokoko gibt. Der schlossartige Eindruck entsteht vor allem durch den hervorspringenden zentralen Gebäudeteil, den ein kleiner Turm ziert. Davon geht beidseitig jeweils ein Flügel ab, an dessen Ende ein weiterer anschließt. Auf der der Menkestraße zugewandten Seite entsteht so ein kleiner Hof.

Der Park wird beidseitig von jeweils einem eingeschossigen, verglasten Anbau eingerahmt. Der westliche Anbau diente als Orangerie, der auf der gegenüberliegenden Seite als Kegelbahn und Billardzimmer. In der Mitte der kleinen Parkanlage, dort, wo die vier Wege kreuzförmig aufeinandertreffen, befindet sich ein kleiner Springbrunnen und rundet das Bild bürgerlicher Wohnkultur des 18. Jahrhunderts ab.

Allerdings blieb dem Ratsbaumeister Richter selbst nicht viel Zeit, seine Residenz zu genießen. Der Siebenjährige Krieg setzte dem Fortgang der Arbeiten dermaßen zu, dass erst Johann Gottlob Böhme, zweiter Mann der Witwe des 1770 verstorbenen Initiators, den Innenausbau beenden konnte. Böhme gründete hier die Privatbibliothek »Bibliotheca villatica Gohlisiana«, seine Kontakte als Professor und kursächsischer Hofrat machten das Schlösschen zu einem geistigen Zentrum. Heute wird die Anlage vom Freundeskreis »Gohliser Schlösschen« betrieben, ein Restaurant findet sich im opulenten Steinsaal, ein Café in der Ostarkade.

Adresse Menckestraße 23, 04155 Leipzig (Gohlis-Süd) | **ÖPNV** Straßenbahn 4, Haltestelle Menckestraße/Schillerhaus, Straßenbahn 12, Haltestelle Fritz-Seger-Straße | **Öffnungszeiten** Führungen jeden Sonntag, 11 Uhr | **Tipp** Wer die Ode »An die Freude« erfunden hat, weiß man gemeinhin. Wo, das ist nicht ganz so klar. Im kleinen Gohliser Haus der Familie Körner könnte es passiert sein, schließlich verbrachte Schiller den Sommer 1785 hier. Besichtigen kann man das Schillerhaus in der Menkestraße 42.

45 Die Gosenschenke
Trinken ganz ohne Bedenken

Entweder man mag Oliven oder nicht. Das Gleiche gilt für englische Essigchips, für Buttermilch und für die Gose. Dabei ist der Buttermilchvergleich ziemlich nah dran am Geschmack der obergärigen Gose. Das gern als Leipziger »Nationalgetränk« bezeichnete, aber eigentlich aus dem Harz stammende Bier wurde bereits zu Beginn des 14. Jahrhunderts erstmals erwähnt und ist mit den zusätzlichen Zutaten Kochsalz, Milchsäure und Koriander schon historisch über das Reinheitsgebot von 1516 erhaben.

Ob man dieses besondere Bier in seinen verschiedenen Erscheinungsformen, versetzt mit Sirup, Kümmelschnaps oder pur, aber nun mag oder nicht, die Gosenschenke und vor allem ihr wunderschöner Biergarten sind auf jeden Fall immer einen Besuch wert. Kaum irgendwo anders kann man so zentral und doch so losgelöst die Zeit aufs Angenehmste totschlagen. Als perfektes Ziel eines kurzen Fahrradausflugs eignet sich die Gosenschenke zwischen Poetenweg und Menckestraße und damit unweit des Rosentals. Unter dichtem alten Baumbestand, eingerahmt von Gründerzeitbauten, kann man sich hier am Getränke- und am Grillstand selbst versorgen oder nach Karte bedienen lassen.

Im Gegensatz zu vielen anderen Biergärten ist die Patina hier nicht aufgetragen, sondern echt. Der Laden existiert seit 1899 mit knapp 30-jähriger Unterbrechung an gleicher Stelle. Diese Authentizität spürt man. So hat es der Biergarten in so manche internationale Fachpublikation geschafft. Die amerikanische Zeitschrift »Beer« hat in ihrer Sonderausgabe »Beer Traveler« 2010 die Gosenschenke sogar auf Platz 96 der weltweit »150 perfect Places to have a Beer« gelistet. Einer von 11 Läden in Deutschland und der einzige im ganzen Osten.

Der Zusatz »ganz ohne Bedenken« geht angeblich zurück auf einen Kellner und dessen Antwort auf die wiederkehrende Frage zur Gose: »Kann man das Gesöff auch trinken?«

Adresse Menckestraße 5, 04155 Leipzig (Gohlis), www.gosenschenke.de | **ÖPNV** Straßenbahn 12, Haltestelle Fritz-Seger-Straße | **Tipp** Der Mediencampus im Poetenweg 28 ist der Gegenentwurf zum idyllischen Gleichmut der Gosenschenke. In diesem durchaus sehenswerten modernen Gebäudekomplex wird der wuselige Mediennachwuchs ausgebildet. Der Mediencampus dient aber auch als Veranstaltungsort für Workshops, Seminare, Tagungen und Konzerte.

46 Die Gottschedstraße
Zeitgeschichte und Kneipe, Seite an Seite

Das »Maga Pon« gibt es nicht mehr. Zwar bietet das schöne Lokal mit der Hausnummer 11 immer noch Raum für immer neue Gastroideen, die Kneipe mit integriertem Waschsalon, die es einmal war – Ausgangspunkt für die Erweckung dieses Leipziger Kneipen-Knotenpunktes - ist heute aber nur noch Erinnerung:

Mitte der 1990er Jahre eröffnet, entdeckten die Studenten das »Maga Pon« schnell für sich. Nach dem Umzug des sächsischen »Tatort« vom beschaulichen Dresden ins belebte Leipzig wurde es zum Stammlokal des früheren TV-Kommissarengespanns Ehrlicher (Peter Sodann) und Kain (Bernd Michael Lade). Allerdings unter dem für die Serie geänderten Namen »Waschcafé« und mit an Sodanns Alter angepasster Bedienung. Seitdem haben sich in der Gottschedstraße zahllose Bars, Kneipen und Discos etabliert. Die gestiegene Studentenzahl, die vielen Leipzigtouristen und die Theaterszene, die mit dem Centraltheater, der Skala und einigen Kabaretts auf und neben der Gottschedstraße in besonders hoher Dichte vertreten ist, haben die gute Entwicklung der Straße ganz sicher positiv beeinflusst.

Doch die Gottschedstraße, seit der Fußball-WM 2006 offizielle Fanmeile, hat nicht nur ein hohes Vergnügungspotenzial, sondern bietet auch einen kontrastreichen zeitgeschichtlichen Exkurs. So wird eines der größten zusammenhängenden Gründerzeitquartiere Deutschlands gerade in Richtung Innenstadt von einigen grauen DDR-Plattenbauten durchzogen. Direkt davor, am ehemaligen Standort der großen Gemeindesynagoge, erinnert das Mahnmal der Architekten Sebastian Helm und Anna Dilengite mit 140 Bronzestühlen an die Pogrome von 1938.

Ganz nebenbei, die Einheimischen ab Mitte vierzig durften das sicher noch mit Stolz in der Schule erfahren, wurde Walter Ulbricht, ehemaliger Staatsratsvorsitzender der DDR und Mauerbauer, im Haus mit der heutigen Nummer 25 geboren. Ironie der Geschichte in der Stadt der Helden.

Adresse Gottschedstraße, 04109 Leipzig (Zentrum-West) | **ÖPNV** Straßenbahn 9, Bus 89, Haltestelle Thomaskirche, Straßenbahn 1, 14, Haltestelle Gottschedstraße | **Tipp** Das Café »Pilot« im Erdgeschoss des Centraltheaters gehört zu den jüngeren Läden auf der Gottschedstraße. Es atmet Theaterluft, ist äußerst stilvoll eingerichtet und hat ein gutes Speisen- und Getränkeangebot.

47 Das Grassimuseum
Ein Ort, drei Museen

Schon der Bau macht das neue Grassimuseum zu einem besonderen Ort. Bereits von Weitem sieht man aus Richtung Innenstadt das charakteristische Türmchen über dem zentralen Gebäudeteil. Ende der 1920er Jahre stieß der Vorgänger-Bau am Wilhelm-Leuschner-Platz, der heute die Stadtbibliothek beheimatet, an seine Kapazitätsgrenzen. Der ungewöhnliche Neubau nach Entwürfen des Architekturbüros Zweck und Voigt entstand auf dem Gelände eines ehemaligen Leprahospitals. Den Namen verdankt das Museum seinem Stifter, dem reichen Bankier Franz Dominic Grassi.

Spannend am imposanten Gebäudekomplex im Art-déco-Stil ist die Anordnung der von den verschiedenen dreigeschossigen Flügeln umschlossenen vier Innenhöfe. Durch das Portal betritt man den ersten Hof, der Durchgang zum zentralen Hof ist gleichzeitig der Eingangsbereich in den rechten und linken Gebäudeteil. Parallel zum zentralen, beinahe quadratischen Hof liegen rechts und links davon noch zwei kleinere, trapezförmige.

Besucht man das Grassimuseum heute, hat man vor Ort die Qual der Wahl. Denn es beheimatet drei vollkommen gegensätzliche, aber gleichermaßen spannende und sehr gut präsentierte Sammlungen: das Museum für Völkerkunde der Staatlichen Ethnographischen Sammlungen Sachsen, das Museum für Angewandte Kunst der Stadt Leipzig und das Museum für Musikinstrumente der Universität Leipzig.

Das Völkerkundemuseum präsentiert eine aufregende Reise durch die Zeit und durch die Welt. Das Museum für Angewandte Kunst zeigt in drei Ausstellungen Stücke von der Antike bis zum Historismus, vom Jugendstil bis in die Gegenwart und asiatische Kunst. Das Museum für Musikinstrumente bietet in seiner ständigen Ausstellung Einblicke in die Leipziger Musikgeschichte, in die Welt der Musikinstrumente und die bedeutendsten musikhistorischen und instrumentenbautechnischen Epochen.

Adresse Johannisplatz 5–11, 04103 Leipzig (Zentrum-Südost), www.grassimuseum.de | **ÖPNV** Straßenbahn 4, 7, 12, 15, Haltestelle Johannisplatz | **Öffnungszeiten** Di–So 10–18 Uhr | **Tipp** Unweit des Grassimuseums, in der Inselstraße 18, steht das Schumann-Haus. Hier lebten der Komponist Robert Schumann und seine Frau, die Pianistin Clara Schumann, während ihrer Leipziger Zeit. Der Schumannverein betreibt hier ein Museum.

48 _ Der Hauptbahnhof
Der angebohrte Kopfbahnhof

Die Durchreise genügt, um in Leipzig eine der bedeutenderen Sehenswürdigkeiten zu erleben: den Hauptbahnhof. Europas größter Sackbahnhof – lautete schon oder gerade zu DDR-Zeiten die schlagwortartige Superlativeinordnung des Baus. Das war wichtig fürs gebeutelte Selbstvertrauen des Arbeiter- und Bauernstaates und seiner Bewohner. Heute benutzt man zur Beschreibung den Kopf. Dennoch hat man den Bahnhof in den vergangenen Jahren angebohrt, um mit dem Citytunnel endlich auch die Durchfahrt zu ermöglichen.

Tatsächlich ist »imposant« ein Wort wie gemacht zur Beschreibung des Leipziger Hauptbahnhofs. Steigt man hier aus und gestattet sich auf dem Weg zum Anschlusszug den Blick in die weite Halle, stehen die Chancen gut, diesen zu verpassen. Die Stahlkonstruktion der riesigen Dachbögen ist mindestens atemberaubend. 26 Gleise wimmeln darunter und gewähren beinahe 900 Fern- und Nahverkehrszügen und S-Bahnen am Tag die Einfahrt und in umgekehrter Richtung die Ausfahrt. Wem also beim Rückwärtsfahren schlecht wird, der muss in Leipzig den Sitzplatz wechseln.

Erbaut wurde der Bahnhof mit seiner beinahe 300 Meter breiten Sandsteinfassade zu Beginn des 20. Jahrhunderts angesichts des immer größer werdenden Zugaufkommens. Bis dahin, und bis zur Einweihung des neuen Hauptbahnhofs Ende 1915, musste man sich von Leipzig aus je nach Reiseziel für einen der über das Stadtgebiet verteilten Bahnhöfe entscheiden. Bei der Einweihung und bis zur Gründung der Reichsbahn 1920 war der Hauptbahnhof in einen sächsischen und einen preußischen Bereich unterteilt.

Nach der Wende begannen 1996 die umfangreichen Sanierungs- und Umbauarbeiten. Dabei wurde der Querbahnsteig um zwei Untergeschosse erweitert, die 140 Geschäften und kleinen Restaurants Platz bieten und den Bahnhof auch abseits des reinen Reiseverkehrs zum Anziehungspunkt für einkaufswillige Einheimische und Gäste machen.

Adresse Willy-Brandt-Platz 5, 04109 Leipzig (Zentrum-Nord) | **ÖPNV** nahezu alle Straßenbahn-Linien führen zum Hauptbahnhof | **Öffnungszeiten** rund um die Uhr | **Tipp** Auf Gleis 24 des Hauptbahnhofs findet sich eine kleine Ausstellung durchaus interessanter historischer Lokomotiven und Züge.

49 Die Haustierfarm
Das Leben auf dem Bauernhof

Woher kommt die Milch? Genau, aus dem Tetrapak. Familie Bauersfeld ist da ganz anderer Meinung und zeigt auf ihrer 13.000 Quadratmeter großen Haustierfarm mitten im Leipziger Wildpark süßes und nützliches Getier, wie man es eben auf einem richtigen Bauernhof findet. Ergänzt durch einige Exoten und eine Ausstellung historischer Landtechnik.

Das Highlight jedes Besuches, gerade wenn man mit Kindern unterwegs ist, findet sich bereits ganz am Anfang des Rundgangs in den sehr schön angelegten Ställen: die Ponys und Esel. Alle versehen mit Namensschild und Geburtsdatum. So bekommt man einen kleinen biografischen Einblick in das Leben auf dem Bauernhof. Der Weg führt dann zu den Enten, vorbei an den in diesem Rahmen exotisch wirkenden Sittichen und den Nutrias, man passiert den kräftigen Schäferhund, der seine Pflicht als Hofhund lautstark wahrnimmt, hin zu den Schweine- und Kuhställen.

Schweine und Kühe, nicht eingepfercht in Lastwagenanhänger, sondern gemütlich grunzend und gesund vor sich hin stinkend in der heilen Welt eines solchen Hofes, haben etwas wirklich Beruhigendes. Von dort aus geht es zu den Schafen und Ziegen, angenehm zutrauliche Tiere, die ihre Köpfe trotz Hornbewuchs geschickt zwischen den Zaunstäben hindurchfädeln, um scheinbar Streicheleinheiten zu kassieren, aber nebenbei und unbemerkt gern in den Taschen der menschlichen Besucher zu wühlen.

Am anderen Ende der Farm warten in drei großen Boxen die fleisch- und fellgewordenen Zuchterfolge deutscher Kaninchenfreunde, außerdem der sehr lebendige Hühnerhof, ein weiteres Freigehege für besonders süße Karnickel und die Pferdeställe. Neben den Pferden, robuste Haflinger und grazile Warmblüter, wohnen dort auch die Trampeltiere Manfred und Klaus. Ein großer Spielplatz ergänzt das Angebot für Kinder, außerdem der kleine Reitplatz für die Haflinger und Kamele.

Adresse Koburger Straße, Zugang über Haupttor Wildpark, nach 300 Metern auf der rechten Seite, 04277 Leipzig (Connewitz), www.haustierfarm-leipzig.de | ÖPNV Straßenbahn 9, Haltestelle Wildpark | Öffnungszeiten Frühling und Sommer Mo–So 10–17 Uhr, Herbst und Winter 10–16 Uhr (Abweichungen je nach Witterung) | Tipp Mitten im Wildpark, eingeklemmt zwischen Teich und Märchenspielplatz, steht ein original russisches Blockhaus. Bekommt man einen Platz, kann man hier im Sommer, vor allem aber im Winter gemütlich sitzen und bekommt die eine oder andere russische Spezialität serviert.

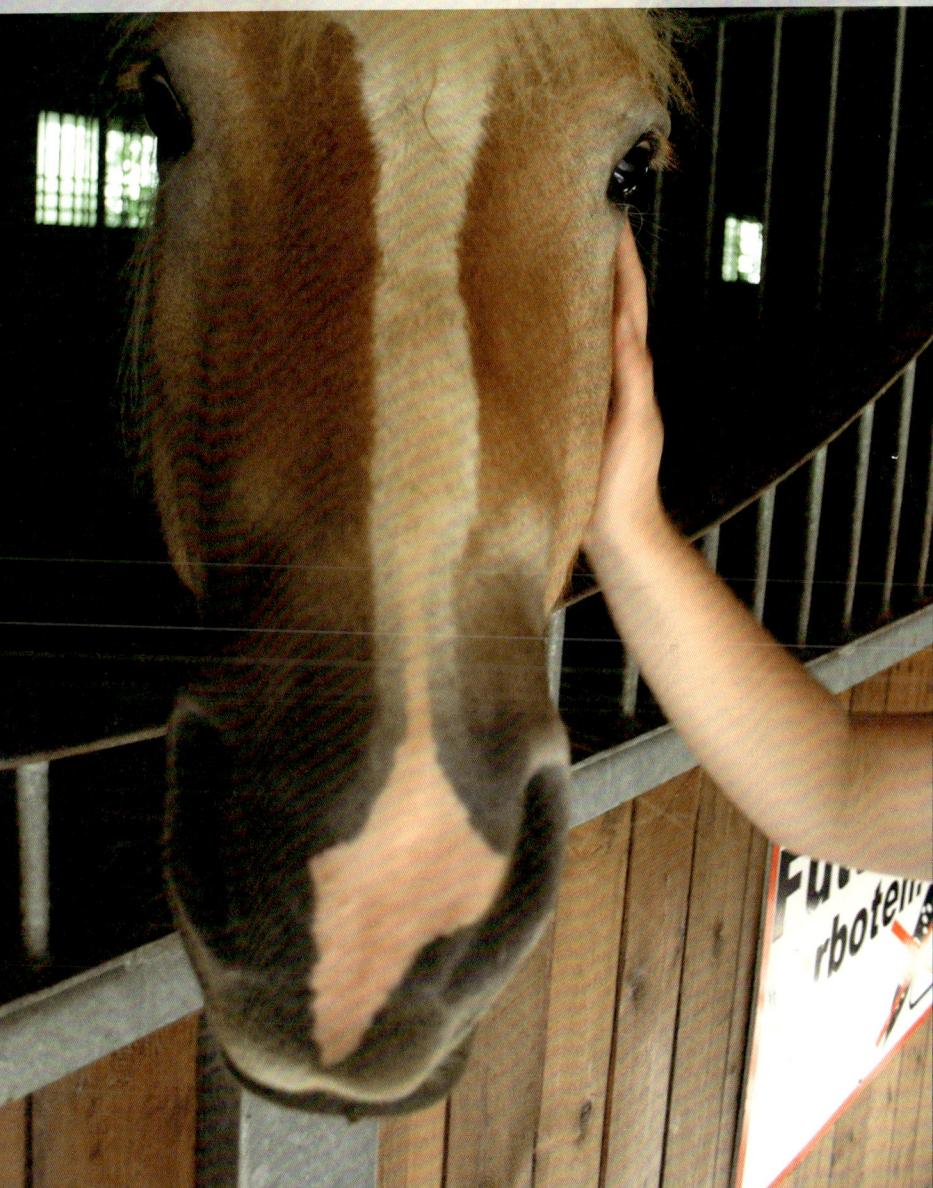

50 Die Hinrichtungsstätte
Das Gebot sozialistischer Gerechtigkeit

Fragt man ehemalige DDR-Bürger nach dem Umgang des Arbeiter- und Bauernstaates mit seinen Verbrechern und Dissidenten, fallen den Gefragten viele gruselige Geschichten ein, auf die Todesstrafe kommen aber die wenigsten. Selbst heute sind viele schockiert, wenn sie damit konfrontiert werden.

Sicher war nicht alles schlecht im Osten, vieles war aber noch viel schlechter. Beispielsweise in der Arndtstraße 48: Hier wurden ab 1960 alle Todesurteile der DDR vollstreckt. Die Staatsführung verstand dieses unmenschliche Strafmaß als »Gebot sozialistischer Gerechtigkeit«. 64 Menschen fanden durch oftmals manipulierte Prozesse hier ihren Tod. Bis 1968 durch die Guillotine und danach mittels »unerwartetem Nahschuss in das Hinterhaupt«. Nach einigen Schauprozessen gegen Nazischergen oder Schwerverbrecher, immerhin 20 Tatbestände wurden nach DDR-Recht mit dem Tode bestraft, wurde diese Praxis ab den Sechzigern aufwendig geheim gehalten. Die Toten wurden anonym als Anatomieleichen verbrannt und beigesetzt. Die Angehörigen bekamen falsche Totenscheine mit erfundenen Todesursachen präsentiert.

Am 26. Juni 1981 wurde in der Arndtstraße Werner Teske als letztes Opfer willkürlicher DDR-Rechtsprechung hingerichtet. Der Stasi-Hauptmann wurde wegen versuchten Landesverrats und der Fahnen- und Republikflucht verurteilt. Die Parteiführung hatte den Prozessverlauf bereits vorgezeichnet. Die Argumentation, dass die Todesstrafe nur auf vollendete Verbrechen anzuwenden sei, rettete Teske nicht vor dem Henker. 1987 schaffte die DDR die Todesstrafe angesichts des Bonn-Besuches Honeckers und der zunehmenden wirtschaftlichen Abhängigkeit vom Westen offiziell ab. Viele DDR-Bürger hörten im entsprechenden Beitrag der »Aktuellen Kamera« überhaupt erstmals davon. Die Hinrichtungsstätte gehört heute zum Museum in der »Runden Ecke« und soll zukünftig regelmäßig zu besichtigen sein.

Adresse Arndtstraße 48, 04275 Leipzig (Südvorstadt), www.runde-ecke-leipzig.de | **ÖPNV** Straßenbahn 10, 11, Haltestelle Südplatz | **Öffnungszeiten** nur während Sonderöffnungstagen wie Museumsnacht oder Tag des offenen Denkmals | **Tipp** Vom Grusel erholen kann man sich im Puschkin, eine der Kneipen-Institutionen der Karl-Liebknecht-Straße. Es ist immer eine gute Wahl, ob Frühstück, Mittagessen, Abendbrot oder später Absacker. Im angeschlossenen Chillum kann man Shisha rauchen.

51 Der Jägerhof mit Passage Kinos

Spannende Passage mit bewegtem Inhalt

Stundenlang kann man sich in den Leipziger Passagen verlieren. Auch der im frühen 20. Jahrhundert erbaute Jägerhof mit seinen weißen Kacheln und den verglasten Höfen ist eine Passage wert. Durchschreitet man diese Verbindung von der Hainstraße aus bis in die Große Fleischergasse, wird man gut 800 Jahre in der Zeit nach vorn katapultiert. Auf der einen Seite eine der ältesten Einkaufsstraßen der Stadt, wird die Große Fleischergasse am Ausgang des Jägerhofs vom dunkelgrauen Erweiterungsbau der Bezirksverwaltung für Staatssicherheit, der Stasi-Platte, dominiert.

Viel wichtiger ist aber, was seit knapp 100 Jahren im Jägerhof steckt: Die Passage Kinos bezeichnen sich nicht zu Unrecht als Arthouse-Kinos, bringen in vier Sälen eine gute Auswahl aus wertvollen Mainstream- und Independentproduktionen und sind ein wichtiges Zentrum des alljährlich im Herbst stattfindenden Leipziger Filmfestivals für Animations- und Dokumentarfilme, DOK Leipzig. Das DOK-Festival verstand sich bei seiner Gründung 1955 als erstes unabhängiges Filmfestival der DDR und als Ort der Begegnung von Filmemachern aus Ost und West. In dieser Tradition steht das Festival noch heute für Filme, die sich für die Würde der Menschen und den Frieden einsetzen.

Die Passage Kinos selbst wurden 1915 als Union Theater Hainstraße gegründet. Als erstes Kino der Stadt führt man hier 1929 den Tonfilm ein, zeitgleich wird der Saal auf knapp 1.000 Sitzplätze erweitert. Nach dem Krieg wird es zum »Kino der Jugend«, später und bis zur Wende »Filmtheater der Freundschaft«. Nach der Umbenennung in »Passage« wird es 1994 geschlossen, ein Jahr später wiedereröffnet und 1998 komplett umgebaut, sodass heute in den nach ehemaligen Leipziger Kinos benannten vier Sälen Astoria, Universum, Wintergarten und Filmeck insgesamt knapp 600 Besucher Platz finden.

Adresse Hainstraße 19a, 04109 Leipzig (Zentrum), www.passage-kinos.de | **ÖPNV** Straßenbahn 1, 3, 4, 7, 9, 12, 13, 14, 15, Haltestelle Goerdelerring | **Öffnungszeiten** täglich nach Spielplan | **Tipp** Gegenüber dem Jägerhof in der Hainstraße 12–14 findet sich mit dem Dark Flower auch abseits des jährlichen Wave-Gotik-Treffens ein fester und etablierter Anlaufpunkt der schwarzen Szene.

52 Der Johannapark
Der Park der unglücklichen Johanna

Die arme Johanna! Als sie sich in den 50er Jahren des 19. Jahrhunderts in den Gutsbesitzer auf Dornreichenbach, Wilhelm von Minckwitz, verliebte, machte die väterliche Vorsehung der Liebe in Romeo-und-Julia-Manier schnell einen Strich durch die Rechnung. Johanna musste Gustav Schulz heiraten, Angestellter in Vaters Bankhaus. Ihr Herz zerbrach, und sie starb viel zu jung im Jahr 1858.

Wilhelm Theodor Seyfferth, Johannas Vater und reicher Bankier, litt zeit seines Lebens unter dem selbst verschuldeten Verlust. Also gründete er mit dem Geld, das er für seine Tochter angelegt hatte, eine Stiftung mit dem Ziel, »Andern Freude zu machen«, so wie es wohl Johannas Art gewesen war. Vom königlich-preußischen Gartendirektor Peter Joseph Lenné ließ Seyfferth auf einer extra dafür erworbenen Wiese und einem weiteren Grundstück, das er in einem Tausch von der Universität bekam, einen Park anlegen. Der Park erhielt in Erinnerung an Seyfferths Tochter deren Namen, und nach dem Tod des Bankiers ging er, unter der testamentarischen Verfügung, ihn niemals zu bebauen oder zu verändern, in den Besitz der Stadt über.

Seit 2011 trägt der Park auch wieder ganz offiziell den Namen der unglücklich Verliebten. Clara Zetkin, die zu DDR-Zeiten als Namensgeberin für die gesamte, aus mehreren Teilen zusammengesetzte städtische Parklandschaft herhalten musste, findet sich in Stein gehauen am Rand des Parks.

Während sich im westlich angrenzenden Parkteil, der auch weiterhin nach Clara Zetkin benannt ist, Familien mit Kinder besonders wohlfühlen und in großen Gruppen die Wiesen bevölkern, ist der Johannapark vor allem bei jungen Leipzigern und Studenten beliebt. Von hier aus bekommt man ein gutes Gefühl für die Stadt, mit endloser Parklandschaft im Westen, Gründerzeitpomp im Norden, Plattenbauten im Süden und der Skyline aus Neuem Rathaus und City-Hochhaus im Osten.

Adresse Ferdinand-Lassalle-Straße/Edvard-Grieg-Allee, 04109 Leipzig (Zentrum-West) | **ÖPNV** Straßenbahn 2, 8, Haltestelle Neues Rathaus, Straßenbahn 1, 2, 14, Haltestelle Marschnerstraße | **Tipp** Der »Konsum« hat in Leipzig die Wende überlebt, schließlich blickt er hier auch auf eine Geschichte zurück, die bis weit ins 19. Jahrhundert zurückgeht. Für die Grillparty im Johannapark finden sich in unmittelbarer Nähe gleich zwei der übersichtlichen, gut bestückten Supermärkte, in der Sebastian-Bach- und der Grassistraße.

53 — Der Kanupark Markkleeberg

Extrem schöner Extremsport

Ein paar Pfützen liegen im grauen Betonkanal am Rande des Markkleeberger Sees. Hier scheint etwas zu fehlen. Wasser, richtig. Auf Knopfdruck werden davon im Schnitt 14.000 Liter in der Sekunde auf eine Höhe von 5,20 Meter gepumpt und stürzen wild rauschend über die 270 Meter lange Strecke wieder hinab. Lautstark erwacht der Kanal zum Leben. Schließt man die Augen, wähnt man sich jetzt am Ufer eines wilden Gebirgsflusses.

Willkommen im Kanupark Markkleeberg! Mit Sicherheit eines der verrücktesten Bauwerke der Messestadt, auch wenn es streng genommen tief in Markkleeberg liegt. Während der Bewerbung um Olympia 2012 war das aber nicht so wichtig. Heute ist der Kanupark das einzige steingewordene Relikt der engagierten Bewerbung um die begehrten Spiele. Auch wenn die nun in London stattfinden, ist der Kanal olympiatauglich, schließlich kann man ja nie wissen. Den deutschen Kanuverband freut das, er veranstaltete hier beispielsweise den Slalom World Cup.

Vor allem aber richtet sich das Angebot an Freizeitsportler. Über 20.000 fassen sich jedes Jahr ein Herz und stürzen sich in die künstlichen Fluten. Ab zwölf Jahren kann man in einem der Boote Platz nehmen. 84 soll die älteste Passagierin gewesen sein.

Wenn man sich dann, eingewiesen und ausgestattet mit Schwimmweste und Helm und mit einem erfahrenen Guide an Bord, mit dem Förderband vom Ziel- ins Startbecken ziehen lässt, ahnt man bereits, was einen erwartet: Nervenkitzel, Grenzerfahrung, Wildwasserspaß.

Die Angebote des Kanuparks sind aber vielfältig: Vom normalen Rafting übers Power- oder Nacht-Rafting bis hin zum Tubing oder Hydrospeed, bei dem man sich mit einem Reifen oder einem Plastikbob in den Kanal begibt – die Adrenalinausschüttung lässt sich hier auf Bestellung und durch die jeweilige Wassergeschwindigkeit regeln.

Adresse Wildwasserkehre 1, 04416 Markkleeberg (Auenhain), www.kanupark-markkleeberg.de | **ÖPNV** Buslinie 141, Haltestelle »Auenhain Kanupark« | **Öffnungszeiten** Gastronomie März–Okt. Mo–So ab 10 Uhr; Nov.–Feb. Sa, So, feiertags ab 10 Uhr; Rafting Mai–Okt. nach Anmeldung unter Tel. 034297/141291 oder www.kanupark-buchung.de | **Tipp** Nur eine Schleuse trennt die Kanustrecke vom Markkleeberger See. Er ist der jüngste See des Neuseenlands und ebenfalls ein Tagebaurestloch. Die Freizeitangebote sind bereits bestens entwickelt.

54 Die Karli
Alternative Kneipenautobahn

Die Karli ist *die* Straße in Leipzig. Das wird nicht jeder Leipziger unterschreiben, aber bei all den alten und neuen kulturellen Knotenpunkten in der Innenstadt oder in gerade revitalisierten Stadtteilen erfasst man die ganze Vielfalt der Stadt auf der Karl-Liebknecht-Straße am ehesten. Schließlich verbindet die zweieinhalb Kilometer lange Karli das Zentrum mit dem Connewitzer Kreuz und durchquert dabei ganz verschiedene Kieze mit ganz unterschiedlichen Bewohnern. Letztendlich ergibt sich aber doch ein alternatives Gesamtbild.

Tagsüber kann man sich stundenlang von Laden zu Laden hangeln, findet auch alte Gemischtwarenläden, spießige Konditoreien und verstaubte Textilgeschäfte, als hätte die Wende nie stattgefunden. Dazwischen Esoterik- und Schmuckläden, asiatische Gemüsehändler, viele Bio-, einige trendige Klamottenläden und vieles mehr.

Richtig erleben kann man die Aorta der Leipziger Südvorstadt aber erst nach Sonnenuntergang. Dann, gerade während der Vorlesungszeit an den Hochschulen, bekommt man nach 21 Uhr kaum noch einen Stehplatz in den zahllosen kleinen und großen Kneipen und Klubs. Noch nach Mitternacht sichern deshalb gefühlte 100 Dönerläden und andere Imbissbuden die weitere Versorgung der Schlaflosen.

Sollte man wirklich nirgendwo einen Fuß in die Tür bekommen, kauft man sich in einem der »Spätis« seine Flasche Bier, meistens Sternburg oder Ur-Krostitzer, und ist einfach auf der Straße unterwegs, wird so Teil der Karli.

Entstanden ist die Karl-Liebknecht-Straße, deren nördlicher Teil zur mittelalterlichen Handelsroute Via Imperii gehörte, 1933, als die Zeitzer und die Südstraße unter dem Namen Adolf-Hitler-Straße zusammengefasst wurden. Nach dem Krieg bekam die Straße den bis heute gültigen Namen, die Umbenennung in Straße des 17. Juni scheiterte am Widerstand der Leipziger.

Adresse Karl-Liebknecht-Straße, 04107 Leipzig (Zentrum-Süd), 04275 Leipzig (Südvorstadt), 04277 Leipzig (Connewitz) | **ÖPNV** Straßenbahn 10, 11, am besten bis Haltestelle Südplatz | **Tipp** Obwohl es abseits der breiten Kneipenstraße gar nicht so einfach ist, gibt es Läden, die sich auch dort behaupten, beispielsweise das Shady am Ende der Körnerstraße mit großartiger orientalischer Gastronomie.

55 Das Kindermuseum Unikatum

Gesellschaftliche Grenzen einreißen

Kindermuseum – was ist das? Ganz klar wird das von außen nicht. Ist das ein Museum nur für Kinder? Dreht sich die Ausstellung nur um Kinder? Man muss in die zweite Etage des hübsch sanierten, holzverkleideten, historischen Gebäudes in der Zschocherschen Straße hinaufsteigen, um die Idee zu verstehen.

Das Kindermuseum richtet sich an Kinder und Erwachsene gleichermaßen. Bietet einen Ort, an dem die oftmals klar voneinander getrennten Welten zusammengeführt werden. Gesellschaftlich relevante Themen werden hier auf ganz besondere Art und Weise beleuchtet. Durch Spiele, durch Ausprobieren, durch gezielte Fragestellungen und die Suche nach oftmals sehr individuellen Antworten werden Erwachsene und Kinder zur gemeinsamen Auseinandersetzung ermutigt. Dabei ist die Ausstellung äußerst professionell erarbeitet und hochwertig umgesetzt. Denn hinter dem Museum und der gemeinnützigen Betreibergesellschaft steckt eine Agentur, deren Kerngeschäft das Erstellen von Ausstellungsmedien ist. Mit der Gründung des Kindermuseums wollten die Macher ihr Know-how in einem eigenen Projekt entfalten, zu Themen, die sie selbst bewegen.

Im Gründungsjahr 2010 drehte sich alles um das Thema Geld, seine Geschichte, seine Chancen, die Probleme, die es mit sich bringt, und mögliche Lösungsansätze. Im nur scheinbaren Kontrast dazu wurde im September 2011 die Ausstellung »Oh Gott – eine Reise durch die Welt des Glaubens« eröffnet. Bei der Erstellung wurden im Rahmen einer Sommerwerkstatt erstmals auch Kinder selbst eingebunden. Filme, Fotos und interessante Interviews zum ganz persönlichen Glauben der verschiedenen Menschen sind dabei entstanden. In jedem Herbst findet ein neues spannendes Thema hier seinen Raum. Die Ausstellung wird auf gut genutzten 200 Quadratmetern durch ein Café ergänzt, es gibt Vorträge, Workshops und kulturelle Angebote.

Adresse Zschochersche Straße 26, 04229 Leipzig (Plagwitz), www.kindermuseum-unikatum.de | **ÖPNV** Straßenbahn 3, 13, 14 und Bus 74, Haltestelle Felsenkeller | **Öffnungszeiten** Sep–März Di–Fr 15–18 Uhr, Sa 14–18 Uhr, So 10.30–13 und 14–18 Uhr; Apr–Aug Di–Fr 15–18 Uhr, Sa 15–19 Uhr, So 15–18 Uhr, in den Ferien zusätzlich Di–Fr 10–18 Uhr | | **Tipp** An der nächsten Straßenecke gibt es einen veganen Imbiss, der sich wahlweise Vleischerei oder Vöner nennt. Leckere Sachen, auch für vegane Anfänger, alles in szenigem Ambiente.

56 Der Knick im Alten Rathaus

Wer findet den Fehler?

Das Alte Rathaus von 1556 scheint geradezu gebaut für Postkarten und Kleinbildkameras. Vom Markt aus bekommt man auch als Laie immer einen schönen, formatfüllenden Leipzigschnappschuss hin.

Was man auf den meisten Fotos allerdings nicht sieht, ist der Knick in der Hauptfassade des gut 90 Meter langen Rathauses. In Höhe des Wortes »… Magdeburg …« in der das Gebäude komplett umlaufenden Inschrift, etwa zwischen dem ersten und zweiten Giebel von rechts, verlässt die Fassade die Ideallinie und weicht von der Parallelität zum rechteckigen Markt ein paar Grad nach hinten ab. Die Errichtung des Hauses auf den Grundmauern des spätgotischen Vorgängers ist wohl schuld daran. Am besten erkennt man diese Besonderheit im Arkadengang. Stellt man sich ans nördliche, dem Bildermuseum zugewandte Ende und schaut in Richtung Mädlerpassage, sieht man ganz deutlich, dass der Gang eine Kurve beschreibt.

Das tut der Schönheit des von Hieronymus Lotter im Renaissancestil entworfenen Hauses trotzdem keinen Abbruch. Vor allem die sechs Giebel und der Uhrturm prägen das Antlitz des Alten Rathauses. Dabei wurde das Haus mehrfach verändert und erweitert. Der überdachte Balkon, für öffentliche Ankündigungen, und der darüber befindliche Austritt für den Stadtpfeifer wurden wenige Jahre nach der Erbauung hinzugefügt, die Inschrift wurde 1672 angebracht. Knapp 100 Jahre später erhielt der Turm zusätzliche Stockwerke und eine barocke Haube. Der Arkadengang entstand erst beim Umbau Anfang des 20. Jahrhunderts. Zur gleichen Zeit musste angesichts des rapiden Wachstums der Messestadt ein neues, größeres Rathaus her. Das Alte Rathaus wurde Stadtmuseum und später Stadtgeschichtliches Museum, das seine Sammlung zur Entwicklung Leipzigs vom Mittelalter bis zur Völkerschlacht und von der Industrialisierung bis zur Gegenwart in prächtigen Räumen präsentiert.

Adresse Markt 1, 04109 Leipzig (Zentrum), www.stadtgeschichtliches-museum-leipzig.de | **ÖPNV** Bus 89, Haltestelle Markt, Straßenbahn 9, Haltestelle Thomaskirche | **Öffnungszeiten** Mo geschlossen, Di–So, feiertags 10–18 Uhr | **Tipp** Der Neubau des Stadtgeschichtlichen Museums zeigt, nur wenige Meter vom Alten Rathaus entfernt im Schatten des Bildermuseums, wechselnde Ausstellungen zur Leipziger Geschichte.

57 __ Der Kohlrabizirkus
Konkurrenz für den Petersdom

Ein wenig verlassen liegt er da. Keine Spur von Zirkus. Durch die Weite des ihn umgebenden Platzes lässt sich auch die Größe nicht gleich erfassen. Erst wenn man sich diesem verrückten Bau nähert, erschließt sich das Ausmaß des Kohlrabizirkus. Auf den ersten Blick vermutet man hier einen weiteren größenwahnsinnigen Messebau aus der Zeit des Kalten Krieges. Doch der Kohlrabizirkus hat schon ein paar Jahre mehr auf dem Buckel und war für einen ganz bodenständigen Zweck gedacht: den Handel mit Gemüse. So erklärt sich auch der Spitzname der Großmarkthalle.

Die Bevölkerungsexplosion in der Messestadt Ende des 19. Jahrhunderts hatte den Bau nötig gemacht. Der damalige Leipziger Stadtbaurat und Architekt Hubert Ritter ging das Projekt 1927 an. Geplant waren ursprünglich drei Marktkuppeln und ein zehnstöckiges Hochhaus. Umgesetzt wurden aber nur die zwei Hallen zu einem durchaus stattlichen Preis von zwölf Millionen Mark. Man sieht dem etwas angestaubten Bau die Aufregung kaum an, die er bei seiner Einweihung im Jahr 1930 auslöste. Die Stahlbetonkuppeln waren eine technische Sensation und mit einer Spannweite von jeweils 75 Metern die größten Massivkuppeln der Welt. Der Kohlrabizirkus stellte damit die berühmtesten Kuppelbauten wie den Petersdom oder das antike Pantheon mit ihrer Spannweite von etwas mehr als 40 Metern ganz locker in den Schatten. Bis in die frühen 90er wurden die Hallen ihrem Ursprungszweck nach genutzt, danach begann die wechselvolle Nachwendegeschichte der beiden Kohlrabis.

Während die Südhalle in den Wintermonaten als Eisdom mit einer riesigen Eisfläche von über 2.000 Quadratmetern genutzt wurde, fanden in der Nordhalle verschiedene Veranstaltungen statt. Eigentümer des Hauses war die Treuhand Liegenschaftsgesellschaft. Nach dem Verkauf sammelten Kulturschaffende 2013 über eine Crowdfunding-Plattform Geld und eröffneten unter den historischen Kuppeln den Elektro-Club Institut für Zukunft.

Adresse An den Tierkliniken 42, 04103 Leipzig (Zentrum-Südost), www.kohlrabizirkus-leipzig.de und www.ifz.me | **ÖPNV** Straßenbahn 16, Haltestelle Deutsche Nationalbibliothek, Bus 74, Haltestelle Dösener Weg | **Tipp** Von der südlichen Giebelwand des Kohlrabizirkus hat man einen guten Blick auf das Hochhaus der Zentrale des MDR. Dort und in den umliegenden Gebäuden, die teilweise zum ehemaligen Schlachthof gehören, wird produziert und verwaltet. Unter anderem dreht man dort die ARD-Endlos-Soap »In aller Freundschaft«, der probate Nachfolger der ZDF-Schwarzwaldklinik.

58 Die Könneritzbrücke
Ist es die da?

»Hallo, Thomas! Hallo! Alles klar? Klar. Es ist schon wieder Freitag, es ist wieder diese Bar. Und ich muss dir jetzt erzählen, was mir widerfahren ist, jetzt seh ich die Zukunft positiv, denn ich bin Optimist.« Und die Fantastischen Vier, aus deren Nummer-eins-Hit »Die da« diese Zeilen stammen, hatten allen Grund, optimistisch zu sein. Schließlich war diese kleine Geschichte um zwei Freunde, die sich in dieselbe Frau verliebt haben, ohne davon zu wissen, der Durchbruch zu einer Traumkarriere. Das Video lief 1992 und auch in den Folgejahren im Fernsehen hoch und runter. Die Fantas waren die ersten gesamtdeutschen Popstars und wurden von Sendung zu Sendung gereicht.

Und all das, im Internet hat man den Videobeweis schnell gefunden, begann in Leipzig, im Stadtteil Plagwitz, auf der Könneritzbrücke! Mit blauer Federboa und im kleinen Schwarzen steigt die Partyqueen dort aus ihrem biberbraunen qualmenden Trabant 601, reißt die Motorhaube auf, tritt verzweifelt gegen den Trabi und wird von den netten Stuttgarter Jungs in ihrem knallroten Cabrio eingesammelt.

Doch die Könneritzbrücke sowie die gesamte Straße sind nicht nach Smudo oder Thomas D benannt, sondern nach dem ehemaligen Leipziger Kreishauptmann, Reichstagsabgeordneten und sächsischen Finanzminister Léonçe von Könneritz. 1899 ersetzte man die alte Holzbrücke über die Weiße Elster mit der damals hochmodernen und wunderschönen Stahlfachwerkbrücke. 2002 wurde die unter Denkmalschutz stehende Bogenkonstruktion aus ihrer Verankerung gehoben und in einer Werkhalle komplett saniert.

Wie der Kameramann des Fantastischen-Vier-Videos bleibt auch heute beinahe jeder Fotograf mit dem Sucher an diesem Motiv hängen. Und auch wenn sich die Brücke kaum verändert hat, der schmutzige Industriecharme ist längst wegpoliert. Die musikalische Zeitreise mit den Fantas hilft da bestens beim Erinnern.

Adresse Höhe Könneritzstraße 1, 04229 Leipzig (Schleußig) | **ÖPNV** Straßenbahn 1, 2, Haltestelle Holbeinstraße, Straßenbahn 14, Haltestelle Nonnenstraße | **Tipp** Die etwas über 1 Kilometer lange Könneritzstraße kann man gut zu Fuß abschreiten. Rechts und links und in den angrenzenden Seitenstraßen stößt man dabei auf viele interessante und alternative Läden.

59 Der Kulkwitzer See
Naherholung zwischen Tagebau und Plattenbau

»Zingster Straße … Binzer Straße … Selliner Straße … Straße am See: Sie haben Ihr Ziel erreicht!« Schließt man als Beifahrer die Augen und lauscht nur der Wegbeschreibung des Navigationsgerätes, man schwört Stein und Bein, an der Ostsee zu sein. Ist man aber nicht. Man ist in Grünau. Nach wie vor ein beliebter Stadtteil mit über 40.000 Bewohnern, aber eben auch in Beton gegossene Auflösung jeder Form von Wohnindividualität. Ein Plattenbaugebiet. Das größte der Stadt.

Noch bevor die erste Platte 1976 aus dem Boden schoss, hatte man diesen jahrelang nach Braunkohle durchwühlt. Das Loch wurde geflutet und als Naherholungsgebiet Kulkwitzer See 1973 ganz offiziell eröffnet. Damit ist der See einer der ältesten des Gewässerverbundes Leipziger Neuseenland. Seitdem sind viele Bäume sehr gut gewachsen und trennen den See optisch von der Plattensiedlung und akustisch vom Straßenlärm.

Bei all den Naherholungsgebieten, die nach dem Kohleabbau im Leipziger Umland entstanden sind, unterscheidet den Kulkwitzer See gerade sein Alter angenehm von seinen jüngeren Gewässerkonkurrenten im Kampf um Tagestouristen und Camper. Hier wirkt nichts wie hingestellt, wie geplant, wie frisch gepflanzt. Vielmehr vermittelt der Kulki, der wie so vieles in Leipzig auch seinen niedlichen Spitznamen hat, eher den Eindruck eines natürlichen Sees.

Und lässt man die etwas trostlose Eingangssituation mit dem auf dem Trockenen liegenden Restaurantschiff hinter sich, findet man schmale Sandstrände, bewachsene Uferbereiche, viele Bäume, die für Schatten sorgen, kleine, individuelle Gastroangebote und was das Herz des Naherholers sonst noch so begehrt. Taucher aus ganz Deutschland kommen übrigens an den Kulki, der zu den besten deutschen Tauchgewässern gehört. Außerdem kann man segeln und surfen und am Nordende des Sees mit Hilfe eines Wasserskilifts Wasserski fahren.

Adresse Straße am See, 04207 Leipzig (Lausen-Grünau), www.kulkwitzersee.com | **ÖPNV** Straßenbahn 1, 2, Haltestelle Lausen | **Tipp** Natürlich muss man Grünau gesehen haben. Man bekommt einen guten Eindruck vom sozialen Wohnungsbau in der DDR, kann aber auch die Gettoangst abbauen. Hier wohnen ganz normale Menschen, außerdem wurde seitens Stadt und Wohnungsgesellschaften einiges modernisiert.

60 — Die MS Weltfrieden
Mit dem Minenleger auf verträumten Wasserwegen

In der Zeit des Kalten Krieges gehörte das Erringen des Weltfriedens fest zum Repertoire der Bestrebungen eines vorbildlichen ostdeutschen Staatsbürgers. Abrüstung war in offiziellen Kreisen zum Erreichen dieses Zieles aber nicht gerade angesagt. Nicht nur die sowjetischen Besatzer, auch die nette NVA war bis an die Zähne bewaffnet. Ironie war also schon vor 1989 ein blinder Passagier auf der MS Weltfrieden, die als städtischer Ausflugsdampfer seit den 50er Jahren über den Leipziger Auensee tuckerte, angetrieben von einem rußenden Zweitaktdiesel.

Gebaut wurde das 11,90 Meter lange und 2,30 Meter breite Schiff übrigens 1945 in Parchim. Wie alles, was in dieser Zeit in Deutschland gebaut wurde, war auch ihr Zweck ein kriegerischer, sie war als Minenleger konzipiert. Damit kippt die Ironie der späteren Namensgebung beinahe ins Zynische.

Seit Martin Schulte das kleine Schiff besitzt, kommt der ungewöhnliche Name der Realität schon deutlich näher. Zwar ist die Welt längst nicht befriedet, Schultes Revier als nebenberuflicher Ausflugskapitän schon: Die Paddeltour oder Bootsfahrt auf dem Karl Heine Kanal, der weißen Elster, den kleinen Gräben und Kanälen – die bis zur Wende verschmutzt, überbaut wurden und versandeten – ist heute längst eines der beliebtesten Freizeitvergnügungen der Leipziger und ihrer Gäste. Eine Fahrt auf der MS Weltfrieden ist da ein echtes Muss. Mit dem sanften Summen des Elektromotors, mit dem Schulte vor einigen Jahren den alten Diesel ersetzte, gleitet das kleine Schiff unter Brücken hindurch mitten hinein ins wechselvolle Leipziger Herz. Entlang des Ufers sieht man Industriebrachen, teure Wohnprojekte, alte Bäume, deren Äste die Wasseroberfläche streicheln, und ganze Nutriafamilien. Der Käpt'n kennt sich aus und kommentiert. Die MS Weltfrieden fährt am Wochenende regelmäßig, kann aber jederzeit für Gruppen und Ausflüge gechartert werden.

Adresse Liegeplatz am Restaurant „Stelzenhaus", Weißenfelser Straße 65H, 04229 Leipzig (Plagwitz), www.ms-weltfrieden.de | **ÖPNV** Straßenbahn 14, Haltestelle Karl-Heine-/Gießer Straße, Bus 74 o. Straßenbahn 3 bis Elsterpassage | **Abfahrtszeiten** Apr.–Okt. Sa–So, Feiertage 11, 12.30, 14, 15.30, 17, 18.30 Uhr, Charterfahrten sind am Wochenende und in der Woche möglich | **Tipp** Direkt am Liegeplatz führt der Karl-Heine-Radweg vorbei. Der schön angelegte Weg mit Bänken und Spielplätzen verfolgt den Kanal und darüber hinaus seinen ursprünglich geplanten und zukünftigen Verlauf bis zum Lindenauer Hafen.

61 Der Lindenauer Hafen
Der Unvollendete wird erweckt

Jede Sekunde erwartet man das erlösende »Und Schnitt« eines Filmregisseurs. Doch man kann sich stundenlang an den Lindenauer Hafen stellen, auf die Wolkenbewegung im leblosen Spiegel des abgeschnittenen Wasserbeckens starren, sich beim mahnenden Anblick der leeren Fensterluken der heute ungenutzten Speicherbauten gruseln: Die Spannung dieser unwirklichen Szene wird nicht aufgelöst. Seit beinahe 70 Jahren ist dieser Ort gefangen in einer Vergangenheit voll von Erwartungen, die die Zukunft nicht halten konnte. Bisher zumindest nicht.

Gedacht war der zwischen 1938 und 1943 angelegte Lindenauer Hafen als Endpunkt und Umschlagplatz des Elster-Saale-Kanals, der die Messestadt in das deutsche Wassernetz einbinden sollte. Der Krieg machte den Arbeiten einen Strich durch die Rechnung, später zweifelte man an der Wirtschaftlichkeit dieser Wasserstraße, sodass es nie zur geplanten Verbindung kam. So ruht der See seitdem still. Noch. Denn mit der Ruhe soll es bald vorbei sein.

Großen Warenumschlag im Sinne der ursprünglichen Pläne wird es hier zwar nicht geben, dafür soll das Gelände städtebaulich und touristisch nutzbar gemacht und deutlich erweitert werden. Die Arbeiten für die Anbindung an den gut 600 Meter entfernten Karl-Heine-Kanal, auf der anderen Seite des Hafens, in Plagwitz, haben bereits 2011 begonnen. Im Vordergrund steht nach dem lang erwarteten Durchstich vor allem die Gestaltung eines vollkommen neu entstehenden städtischen Bereichs. Öffentliche Orte mit hoher Verweilqualität, moderne Wohn- und Gewerbebebauung und eine intensive kulturelle und touristische Nutzung schweben der Stadt und den beauftragten Entwicklungsbüros vor.

Die Vollendung des Elster-Saale-Kanals und die Anbindung an das Leipziger Gewässernetz durch den nach ihm benannten Kanal wäre die späte Verwirklichung der Idee des Leipziger Rechtsanwalts und Unternehmers Karl Heine aus dem Jahr 1856.

Adresse Plautstraße 80, 04179 Leipzig (Neulindenau) | **ÖPNV** Straßenbahn 11, Haltestelle Wahren, von dort Bus 80, Haltestelle Plautstraße/Schomburgkstraße | **Tipp** Etwas nördlich, in der Ludwig-Hupfeld-Straße, sieht man bereits von Weitem den beeindruckenden Turm der ehemaligen Ludwig Hupfeld AG, die hier Anfang des 20. Jahrhunderts mechanische, selbst spielende Klaviere herstellte.

62 — Der Louise-Otto-Peters-Platz

Leipzigs ältester Spielplatz

Ordnung muss sein, selbst am Tor zu einer anderen Welt. Deshalb führt eine Fußgängerampel ins Märchenland, das ein wenig an Michael Endes Phantásien erinnert. Die Prüfung, die zum Einlass in diese Welt bemächtigt, besteht aus dem gezielten Druck auf einen blauen Knopf und dem Üben in Geduld. Eine harte Prüfung, vor allem für Kinder: Rot, warte, warte, warte, Grün!

Nördlich des Waldstraßenviertels, hinter dem Zöllnerweg, liegt der Louise-Otto-Peters-Platz. Kein Platz im eigentlichen Sinne, eher ein Ort. Eine Lichtung am Rand des an dieser Stelle dicht bewaldeten Rosentals, ein Spielplatz voll mit verwunschenen Holzfiguren: der dreiköpfigen Giraffe, dem furchteinflößenden Drachen, der riesigen Schildkröte, dem Flugsaurier, den verträumten Schafen und einem weißen Elfanten. Ein schöner Spielplatz und der älteste der Stadt. Bereits 1870 wurde er angelegt. Wie die Spielzeuge damals aussahen, weiß man nicht mehr genau. Was aber in der DDR dort stand, waren die immergleichen Stahlrohrgeräte. Der Elefant, vom Bildhauer Johannes Peschel erschaffen, war das erste Tier auf dem Louise-Otto-Peters-Platz. Anfang der 90er Jahre wurden die Stahlrohrkonstruktionen dann entfernt, der Elefant aber durfte bleiben und bekam gute Gesellschaft. Der Leipziger Bildhauer Reinhard Rösler entwarf und fertigte das Tierensemble, das noch heute dort steht. 2009 hatten es Metalldiebe auf den Elefanten abgesehen, rissen den Rutschbelag herunter und versuchten, die Stoßzähne abzusägen, mittlerweile sind die Spuren dieses Verbrechens beseitigt.

Wenn der Louise-Otto-Peters-Platz auch kein urbaner Platz im eigentlichen Sinne ist, so gibt es doch kaum einen schöneren, lebendigeren Ort, um die Leipziger Schriftstellerin und Frauenrechtlerin zu ehren. Am Rande des Spielplatzes erinnert ein Denkmal an die prominente Namensgeberin.

Adresse Louise-Otto-Peters-Platz, 04105 Leipzig (Zentrum-Nordwest) | **ÖPNV** Straßenbahn 4, Haltestelle Feuerbachstraße, Straßenbahn 4, 7, 13, 15, Haltestelle Leibnizstraße |
Tipp Man muss zweimal hinschauen, um in dem Bau in der Emil-Fuchs-Straße 5, nur wenige Meter entfernt vom Louise-Otto-Peters-Platz, eine Kirche zu erkennen. Der moderne Bau der Propsteikirche St. Trinitatis aus Stahl, Beton und Glasbausteinen ist aber gerade deswegen äußerst spannend.

63 Lurgensteins Steg
Urbane Kanalerfahrung

Eine echte Entdeckung ist Lurgensteins Steg, der den Pleißemühlgraben auf seinem Weg durch die Innenstadt parallel zum Dittrich- und Martin-Luther-Ring für gute 300 Meter begleitet. Man muss genau hinschauen, um zu sehen, dass sich dieser schmale Holzsteg vom Vorplatz des Commerzbank-Neubaus, bis zur Fusion im Jahr 2009 noch Dresdner Bank, entlang dem Verlauf des Grabens hinter der Ringbebauung aus der Gründerzeit schlängelt.

Hier bekommt man tatsächlich eine urbane Version der Venedigromantik geboten. Kann man doch ein ganzes Stück über den mit Holzplanken gedeckten Steg spazieren und mit jeder Straßenquerung einen neuen Durchblick entdecken.

Auf der einen Seite der opulente Glasbau der Bank, angrenzend die Kunsthalle der Sparkasse, deren spiegelverkehrter Schriftzug erst auf der Wasseroberfläche lesbar wird. Dann überquert die Otto-Schill-Straße den Graben. Dort hat ein Restaurant auf der Terrasse einen Freisitz eingerichtet, gegenüber die Glas-Stahl-Fassade eines Parkhauses, das mit einer Brücke mit dem Bürohaus am anderen Ufer verbunden ist.

Der Steg führt weiter am Parkhaus entlang, ist dort sogar überdacht und trifft auf die nächste Straße, den Amtshof. Hier führen ein paar Stufen zum Wasser hinunter auf eine kleine Plattform. Ein guter Ort, um diese seltsam wechselhafte Kanalszene ein wenig wirken zu lassen.

Folgt man dem Verlauf weiter über den Amtshof hinweg, trifft man auf den unvermeidlichen Plattenbau, allerdings mit Balkon und Kanalblick, gegenüber ein kaum attraktiverer Büroklotz, dann verschwindet der Pleißemühlgraben im Untergrund, bis er auf der anderen Seite der Kreuzung Karl-Tauchnitz-/Harkortstraße, direkt vorm Bundesverwaltungsgericht, wieder ans Tageslicht fließt. Am Ende des Stegs trifft man dann auf den Ausläufer des Johannaparks vis-à-vis dem Neuen Rathaus.

Adresse Lurgensteins Steg, 04109 Leipzig (Zentrum-West) | **ÖPNV** Straßenbahn 9, Haltestelle Thomaskirche, Straßenbahn 2, 8, 9, Haltestelle Neues Rathaus | **Tipp** Die Lucca-Bar in der Ratsfreischulstraße, die Verlängerung der Otto-Schill-Straße in Richtung City, liegt etwas am Rande der innerstädtischen Kneipenmeile und ist gerade deswegen und wegen ihrer unaufgeregten Einrichtung und der sehr guten Speise- und Getränkekarte ein echter Tipp.

64 Der Mendebrunnen
Der Fels in historischer Brandung

Der Augustusplatz ist etwas überladen. Mit Sehenswürdigkeiten, mit Geschichte und mit Autos, Straßenbahnen und Menschen. Ein lauter, bewegter Platz, auf dem man nicht so recht weiß, wo man zuerst hinschauen soll. Doch wie eine Lichtung im stressigen Großstadtdschungel ruht zwischen Oper, Gewandhaus, Uni-Neubau und City-Hochhaus, keine 30 Meter entfernt vom sechsspurigen Innenstadtring, der märchenhafte Mendebrunnen.

Tatsächlich scheint der Brunnen etwas Magisches auszustrahlen, immer wieder zieht er Vorbeieilende in seinen Bann, entreißt sie dem Alltag und bietet einen Platz zum Entspannen, während außerhalb des Kreises aus Bänken rund um den Brunnen die Stadt lautstark vorbeipoltert. Wie durch ein Wunder hat der Mendebrunnen die Zerstörung des Zweiten Weltkrieges als einziger Bestandteil des ursprünglichen Gebäudeensembles unbeschadet überstanden. Selbst nach zweimaliger Demontage, im Zuge der Bauarbeiten am Gewandhaus und später beim Bau der Tiefgarage unter dem Augustusplatz, fand er immer wieder den Weg zurück an seinen angestammten Platz.

Die Stifterin des Brunnens, Marianne Pauline Mende, Witwe des Kaufmanns Ferdinand Wilhelm Mende, wollte sich, zumindest wenn es nach einer mittlerweile widerlegten Legende geht, mit den testamentarisch »zum Bau eines die Stadt verschönernden Brunnens ...« bestimmten 150.000 Goldmark von den Sünden ihres Lebens als Bordellbesitzerin reinwaschen. Ab 1883, zwei Jahre nach dem Tod der Stifterin, wurde der neobarocke Brunnen schließlich errichtet. Er ist der Bedeutung des Wassers für die Menschen gewidmet. Griechische Sagenfiguren wie Triton, der Sohn Poseidons, zügeln Mischwesen, halb Pferd, halb Fisch, wunderschöne Nereiden, die Nymphen des Meeres, umstehen den Sockel des 18 Meter hohen Obelisken. Ein Brunnen zum Entdecken, der mit seinem Wasserspiel den Alltagslärm auch nach über 120 Jahren gelassen übertauscht.

Adresse Augustusplatz, 04109 Leipzig (Zentrum) | **ÖPNV** Straßenbahn 4, 7, 8, 10, 11, 12, 15, 16, Haltestelle Augustusplatz | **Tipp** Das berühmte Leipziger Gewandhaus mit seiner außergewöhnlichen Architektur sollte jeder mindestens einmal besichtigt haben. Dazu braucht es gar nicht unbedingt eine Aufführung in einem der Säle, dann bleibt nämlich mehr Platz und Zeit zum Schauen.

65 Die mondäne Ferdinand-Lassalle-Straße

Gründerzeit, SPD-Gründervater und Tod durch Duell

Prachtstraße, das trifft es wohl am ehesten. Ein wenig New Yorker 5th-Avenue-Flair weht durch den wohl schönsten Abschnitt des Bachviertels. Die hier aufgereihten pompösen Gründerzeitvillen blicken nicht etwa auf noch mehr Gründerzeitvillen, sondern direkt ins Grün des Johanna- beziehungsweise Clara-Zetkin-Parks. Lage und Großzügigkeit der Bauten machen die Ferdinand-Lassalle-Straße nach aufwendiger Sanierung und noch aufwendigerer Lückenschließung zum Inbegriff gehobener Wohnkultur, und das lassen sich Eigentümer und Bauherren natürlich gehörig versilbern.

Da kann man es durchaus als Ironie der Geschichte bezeichnen, dass die ehemalige Bismarckstraße heute nach Ferdinand Lassalle benannt ist. Lassalle war nicht nur Schriftsteller, sondern initiierte als einer der Köpfe der Arbeiterbewegung auch die erste sozialdemokratische Parteiorganisation im gesamten deutschen Sprachraum, den Allgemeinen Deutschen Arbeiterverein, kurz ADAV. Er gilt damit als einer der Gründerväter der SPD, die nach seinem Tod aus dem ADAV und der Sozialdemokratischen Arbeiterpartei hervorging. Die Bewohner der nach Lassalle benannten Straße dürften hingegen auch heute noch nicht zur Hauptzielgruppe der SPD gehören.

Während Lassalles Hinterlassenschaft philosophischer und gesellschaftspolitischer Natur ist, war sein frühes Ableben ein Akt der Liebe. Bei einem Kuraufenthalt hatte er sich in die bayrische Diplomatentochter Helene von Dönniges verliebt und wollte sie heiraten. Ihr Vater Wilhelm von Dönniges war gegen diese Eheschließung, wollte er seine Tochter doch mit einem rumänischen Adligen verheiraten. Lassalle wollte juristisch gegen diese Zwangsehe vorgehen, fand sich aber am 28. August 1864 mit einer Waffe in der Hand seinem Konkurrenten in einem Duell gegenüber. Drei Tage später starb Lassalle im Alter von 39 Jahren an den Folgen eines Bauchschusses.

Adresse Ferdinand-Lassalle-Straße, 04109 Leipzig (Zentrum-West) | **ÖPNV** Straßenbahn 1, 2, 14, Haltestelle Marschnerstraße | **Tipp** Parallel zur Ferdinand-Lassalle-Straße verläuft die Sebastian-Bach-Straße, wo sich die Thomasschule befindet. Mit Gründungsjahr 1212 ist sie eine der ältesten deutschen Schulen. Der angeschlossene Thomanerchor ist nicht erst seit den Prinzen über die Stadtgrenzen hinaus ein Begriff.

66 — Die Moritzbastei
Ausgegraben aus Ruinen

Noch bevor viele von ihnen den ersten Hörsaal von innen sehen, lernen die Erstsemester in Leipzig die MB kennen, die Moritzbastei. Geht man allerdings mit dem Bild einer Bastei, einer Bastion, also schlichtweg einer Festung im Kopf durch die Stadt, findet man sie nie. Die oberirdischen Gebäudeteile der Moritzbastei, eingeklemmt zwischen Gewandhaus und Uni-Riese, nimmt man kaum wahr, dabei gewähren sie Zugang zu spektakulären Ziegelgewölben voller Geschichte und Geschichten.

Und obwohl die nach ihm benannte Bastei als Teil der Stadtbefestigung auf den sächsischen Kurfürsten Moritz zurückgeht und damit ein Alter von über 450 Jahren vorzuweisen hat, ist die spannendste Episode die des Wiederaufbaus nach der Zerstörung im Zweiten Weltkrieg. Allerdings dürfte diese Geschichte vielen Kindern oder Enkelkindern der Generation der 70er-Jahre-Studenten den rebellischen Spaß an den langen Nächten in der Moritzbastei zumindest ein wenig verhageln. Wer will schließlich am Ort der finalen Emanzipation vom Elternhaus ständig von deren Geist verfolgt werden.

Aber es ist, wie es ist, Mama, Papa, Oma oder Opa, insgesamt 30.000 Studenten haben 40.000 Kubikmeter Schutt entfernt und die alte Bastei von 1974 bis 1982 in 150.000 unentgeltlichen Arbeitsstunden ausgegraben. Und obwohl die Universitätsleitung anfangs die Unterstützung für das Projekt versagte, blieb die Moritzbastei nach der offiziellen Übergabe an die Karl-Marx-Universität bis zur Hochschulreform 1992 Studentenclub. Mit an der Schaufel, so ist es zumindest überliefert, war damals auch die nette Angela, die seit 1973 in Leipzig Physik studierte und trotz all der Buddelei ihre Diplomarbeit mit »sehr gut« bestehen konnte und später erste deutsche Bundeskanzlerin wurde.

Seit 1993 wird die Moritzbastei von einer GmbH betrieben und ist immer noch Kulturzentrum und beinahe tägliche Anlaufstelle für Studenten.

Adresse Universitätsstraße 9, 04109 Leipzig (Zentrum), www.moritzbastei.de | **Öffnungszeiten** Café: Mo–Fr ab 10 Uhr, Sa ab 12 Uhr, sonst je nach Veranstaltung | **ÖPNV** Straßenbahn 2, 9, 16, Haltestelle Roßplatz, Straßenbahn 8, 10, 11, Haltestelle Wilhelm-Leuschner-Platz | **Tipp** Das Städtische Kaufhaus zwischen Universitätsstraße und Neumarkt war das erste Mustermessehaus der Stadt, in seinem Treppenaufgang A findet sich der älteste Aufzug der Stadt von 1901. Vorgängerbau an gleicher Stelle war das erste Gewandhaus der Tuchmachergilde.

67 — Die Münzgasse
Entspannte Abfahrt von der Kneipenautobahn

So nah und doch so fern. Wer sich in Richtung Süden stadtauswärts bewegt, der landet irgendwann am Wilhelm-Leuschner-Platz und wenig später im Peterssteinweg, eine (noch) etwas trostlose Ecke, die eine Art Schleuse zum Zentrum-Süd und etwas weiter zur Südvorstadt darstellt. Wer also die teilweise etwas kauzige, aber durchaus spannende Ladenzeile gegenüber der Polizeidirektion passiert hat, der sollte auf seiner Suche nach einem Sitzplatz in einer der Kneipen, Bars oder Restaurants auf der Karl-Liebknecht-Straße am Café Waldi scharf rechts abbiegen. Denn vor allem während der laufenden Semester und außerhalb der ausgedehnten Freisitzsaison muss man nach 20 Uhr viel Glück haben, um auf der Karli und gerade rund um den Südplatz einen Sitzplatz zu ergattern.

In der nur knapp 200 Meter langen Münzgasse, zwei Minuten Fußweg vom Gewusel der Kneipenautobahn entfernt, ist davon nichts mehr zu spüren. Wie so oft abseits der ausgetrampelten Laufwege, trifft man hier eher auf entspannte Betriebsamkeit. Obwohl die Münzgasse das Leipziger Gastroangebot schon seit einigen Jahren bereichert, wird der Besucherstrom hier zu einem dezenten Rinnsal. Über viele Jahre führte das zu einem ständigen Wechsel der Mieter. Gerade wurde man vom Personal mit Namen begrüßt, verschwand der Stammladen auch schon wieder, und der nächste Betreiber versuchte sein Glück. Wer erinnert sich noch an das »Eckstein« oder an das »Reich und Schön«?

Mittlerweile scheint die Mischung in der Münzgasse ganz gut zu funktionieren. Vor allem internationale Spezialitäten stehen auf den Speise- und Getränkekarten auf der kleinen Kneipenmeile und ergänzen das Fast-Food-Angebot der Karli gaumen- und magenfreundlich.

Der Name der Straße leitet sich übrigens vom ehemaligen Münztor ab, durch das alle Holzlieferungen vom Floßplatz aus in die Stadt transportiert wurden.

Adresse Münzgasse, 04107 Leipzig (Zentrum-Süd) | **ÖPNV** Straßenbahn 2, 8, 9, 10, 11, Haltestelle Wilhelm-Leuschner-Platz | **Tipp** Der Peterssteinweg ist tatsächlich eine kleine alternative Einkaufsmeile: zwei Independent-Plattenläden, ein Pfeifenladen, ein Ticketshop … alles herrlich unaufgeregt und ohne Szenegetue.

68 Das Museum für Druckkunst

Sehen, Riechen, Anpacken

Im Museum für Druckkunst riecht es nach Maschinenöl und Druckerschwärze. Ab und zu lassen die schweren, reich verzierten und historischen Maschinen, viele von ihnen voll funktionsfähig, das denkmalgeschützte Gebäude einer ehemaligen Druckerei erzittern. Ein Team mit entsprechendem beruflichen Hintergrund hält hier alles am Leben und in Bewegung, sodass die Idee eines Werkstattmuseums ganz erfrischend umgesetzt wird. Wer bei »Drucken« bisher nur an den kleinen Tintenstrahler dachte, erfährt hier mit allen Sinnen, was das bis vor wenigen Jahren wirklich bedeutete.

Mit der Gründung des Museums 1994 beseitigte der Münchener Typograf Eckehart SchumacherGebler einen Missstand in der Buchstadt Leipzig, der solch eine Sammlung bis dahin fehlte. 2000 ging das Museum in eine private Stiftung über. Die verschiedenen Produktionsschritte vom Schriftgießen über den aufwendigen Handsatz hin zu den Setzmaschinen, das Entstehen von Illustrationen in der Holzstichwerkstatt und letztendlich das Drucken selbst sowie das Binden von Büchern: Im Museum für Druckkunst erlebt man, mit welcher Akribie und welchem physischen Einsatz Druckmedien in der Vergangenheit produziert worden sind.

Im Rahmen verschiedener Workshops und Kurse kann man sich mit bestimmten Bereichen der Medienerstellung intensiver auseinandersetzen. Doch auch bei spontanen Besuchen kann man im Museum auf eine spannende Entdeckungsreise gehen. Zur Sammlung gehören eine Fülle von Schriftmatrizen, Bleischriften und Holzbuchstaben für den Handsatz sowie Setz- und Gießmaschinen. Außerdem besitzt das Museum zahlreiche Handpressen für den Hoch-, Tief- und Flachdruck, Tiegeldruckpressen und verschiedene Zylinderdruckmaschinen. Die Wechselausstellungen zeigen meist künstlerische Drucke, teilweise direkt an den Maschinen des Museums entstanden.

Adresse Nonnenstraße 38, 04229 Leipzig (Plagwitz), www.druckkunst-museum.de | **ÖPNV** Straßenbahn 14, Haltestelle Nonnenstraße, Straßenbahn 1, 2, Haltestelle Holbeinstraße | **Öffnungszeiten** Mo–Fr 10–17, So 11–17 Uhr, Sa geschlossen | **Tipp** Unmittelbar gegenüber befindet sich ein Lebensmitteldiscounter in besonders exponierter Lage, direkt am Wasser. Leider gibt es zwischen Milchtüten und Klopapier kein Panoramafenster. Vom Parkplatz aus hat man aber einen guten Blick auf die Weiße Elster.

69 __ Das Musikviertel

Bedeutsamer Inhalt, wunderschöne Fassaden

Prachtvoll ist ein überladener Begriff. Klingt nach Kronleuchter, dem Weihnachtsbaum vorm New Yorker Rockefeller Center oder dem Kleid von Cinderella. Doch mit »prachtvoll« beschreibt man das Musikviertel tatsächlich am besten. Immerhin wird es begrenzt vom Johannapark im Norden, im Osten von der Harkortstraße mit dem monumentalen Bau des Bundesverwaltungsgerichts und im Westen vom Clara-Zetkin-Park mit der Pferderennbahn Scheibenholz.

Nach Süden hingegen nimmt die Dichte der gründerzeitlichen Villen und Mietshäuser ab, werden Lücken mit luxuriösen Neubauten geschlossen und entsteht mit einigen elf- bis sechzehngeschossigen Plattenbauten ein wilder Siedlungsmix, der von der Wundtstraße, die kurz danach zur vierspurigen Schnellstraße wird, begrenzt ist. Neben all den historischen oder kulturellen Leuchttürmen macht auch diese kontrastreiche Mischung das Musikviertel zu einem ganz besonderen Flecken Leipziger Erde. Dessen von Osten nach Westen verlaufende Straßen sind nach bedeutenden Komponisten benannt: Beethoven, Mozart, Haydn, Schumann, Telemann.

Direkt hinter dem Bundesverwaltungsgericht liegt das amerikanische Generalkonsulat, das seit dem 11. September 2001 weiträumig abgesperrt ist. Gegenüber beginnt die Hochschulmeile. Die Hochschule für Technik, Wirtschaft und Kultur hat hier ihre Fakultät für Elektrotechnik und Informationstechnik untergebracht. In der Wächterstraße befindet sich die berühmte Hochschule für Grafik und Buchkunst, Ausgangspunkt der »Leipziger Schule«, die Hochschule für Musik und Theater befindet sich um die Ecke, gegenüber die Universitätsbibliothek, die Albertina, und daneben das neu gebaute Geisteswissenschaftliche Zentrum der Uni Leipzig, am Standort des im Zweiten Weltkrieg zerstörten zweiten Gewandhauses.

Und abgesehen von all den bedeutsamen Inhalten kann man hier stundenlang wunderschöne Häuser gucken.

Adresse Karl-Tauchnitz-Straße (umschließt das Musikviertel bogenförmig), 04107 Leipzig (Zentrum-Süd) | **ÖPNV** Bus 89, Haltestelle Mozartstraße, Straßenbahn 2, 8, 9, Haltestelle Neues Rathaus | **Tipp** Nicht nur die vielen deutschen Komponisten werden im Musikviertel geehrt. Mit einer modernen Stele am Mozartpalais gedenkt man beispielsweise auch dem japanischen Komponisten Rentaro Taki, der während seines Studiums am Leipziger Konservatorium der Musik hier wohnte.

70 Die naTo
Kulturmotor läuft seit 30 Jahren

Anfang der 1980er Jahre wurde dieser Saal, als Nachfolger eines Holzpavillons für die »Nationale Front«, daher der Name, kaum genutzt. Ein Hausmeister verwaltete den Leerstand und teilte sich sein Büro mit dem Abschnittsbevollmächtigten, dem Revierbullen. Nicht der Abschnittsbevollmächtigte, sondern der Hausmeister entwickelte Ambitionen, die weit über sein Aufgabengebiet hinausgingen, und gab mit den ersten selbst organisierten Jazz-Konzerten den Zündfunken für einen der Kulturmotoren der Südvorstadt. Schon vor 1989 standen hier Musiker aus Amerika, Skandinavien und dem Westen Deutschlands auf der Bühne. Wenn dann jemand mit Farbe um sich spritzte und ein anderer dazu auf dem Kontrabass spielte, war das zwar durchaus intellektuell und auch etwas elitär, die Stasi aber konnte wenig damit anfangen, und das war wichtig.

Nach der Wende gingen die Macher auf Westtour, schauten sich ähnliche Einrichtungen an, knüpften Partnerschaften. Mit den gewonnenen Erfahrungen schaffte es der Club mit einer Mischung aus Sub- und Popkultur und soziokulturellen Projekten lückenlos in die neue Zeit.

Ende März 1994 brachten ein paar Berliner Autoren nicht nur Lesestoff mit nach Leipzig, sondern auch eine Band, die den gemeinsamen Abend musikalisch beschließen durfte. Die Anwesenden müssen halbwegs schockiert gewesen sein, als Rammstein damals ihre Live-Geburt erlebten.

Heute wird in der naTo auf eine ausgewogene Mischung geachtet. Jazz, osteuropäische Musik, Chansons oder einfach Popmusik, dazu ein internationales Kinoprogramm, experimentelles Theater und Performances und natürlich die Kneipe. Soziokulturelle Projekte und Workshops spielen weiterhin eine wichtige Rolle. Das Seifenkistenrennen auf dem Fockeberg, das Badewannenrennen am Völkerschlachtdenkmal und der naTo-Cup sind feste kulturelle Institutionen.

Adresse Karl-Liebknecht-Straße 46, 04275 Leipzig (Südvorstadt), www.nato-leipzig.de | **ÖPNV** Straßenbahn 10, 11, Haltestelle Südplatz | **Tipp** Drei Häuser weiter bieten die Läden pussyGalore und herMan gemeinsam und doch getrennt stilvolle, tragbare und auch wilde Klamotten an, fernab der Massenversorgung durch schwedische Bekleidungsriesen.

71 — Das neue Bachdenkmal
Der vergessene Ba-Rockstar

Besonders glücklich sieht das Ebenbild des Komponisten und Thomaskantors nicht aus, wie es dort überlebensgroß auf seinem drei Meter hohen Sockel vor der Thomaskirche steht, in Bronze gegossen nach Entwürfen des Bildhauers Carl Seffner. Irgendwie scheint Johann Sebastian in Eile, nur halb zugeknöpft ist die Weste und der Gesichtsausdruck gestresst.

Tatsächlich hat Bach bereits einiges erlebt, als er 1723 nach Leipzig kommt. Nach seiner Geburt 1685 in Eisenach als Nachzügler eines Stadtpfeifers und dessen bereits 41-jähriger Frau wird Bach mit neun Jahren zur Vollwaise. Er wächst bei seinem älteren Bruder und dessen Familie in Ohrdruf auf. Mit 15 wechselt er nach Lüneburg, wo er als Freischüler am Michaeliskloster aufgenommen wird. Bach singt dort, wie bereits in Ohrdruf, im Chor, entdeckt seine Liebe zur Orgel und erlangt mit 18 Jahren seine Hochschulreife.

Über Stationen in Arnstadt und Mühlhausen landet er 1708 in Weimar und tritt dort die Stelle des Hoforganisten und Kammermusikers an. Neun Jahre später wird er Kapellmeister des Fürsten Leopold von Anhalt. Am 22. April 1723 wählt man ihn nach der Absage Telemanns zum Thomaskantor, das bleibt er bis zu seinem Lebensende.

Allerdings war der Rat der Stadt nur halbwegs zufrieden mit der Wahl. Ob sich die Bemerkung »Da man die besten nicht bekommen konnte, müsse man den mittleren nehmen«, tatsächlich auf Bach bezieht, ist nicht zweifelsfrei überliefert. Zumindest der regierende Bürgermeister Gottfried Lange zeigte Weitblick: »Wenn Bach erwehlet würde, so könne man Telemann (…) vergessen.«

Bach war zweimal verheiratet, hatte 20 Kinder, von denen viele die ersten Lebensjahre nicht überlebten. Er selbst starb 1750 im Alter von 65 Jahren in Leipzig. Seine Überreste liegen heute eingelassen und markiert durch eine bronzene Grabplatte im Boden des Altarraums der Thomaskirche.

Adresse Thomaskirchhof, 04109 Leipzig (Zentrum), www.thomaskirche.org | **ÖPNV** Straßenbahn 9, Bus 89, Haltestelle Thomaskirchhof | **Tipp** Bach, Luther, Thomanerchor – natürlich muss man in die Thomaskirche rein. Einige Teile des Gebäudes stammen schon aus dem frühen 13. Jahrhundert, das Hauptgebäude wurde 1496 eingeweiht und Anfang des 18. Jahrhunderts barock umgestaltet. Die Kirche ist täglich von 9 bis 18 Uhr geöffnet.

72 ─ Die neue Leipziger Messe
Erst Mustermesse, jetzt Messe nach Maß

Niemand hätte den Leipzigern ihre Messe nehmen können. Seit 1.000 Jahren sind sie so eng verwoben, dass es ohne die Messe keine Stadt gäbe, und ohne die Stadt gäbe es wohl auch die Messe nicht mehr: Die Burg Libzi wurde zum Schutz der sich hier treffenden Händler errichtet und 1015 erstmals erwähnt.

Auch nach der Wende und den immensen wirtschaftlichen Veränderungen war in Leipzig also klar: Messe muss sein. Man löste sich vom überholten Prinzip der Universalmesse, die zweimal im Jahr nicht nur Gäste aus dem Ostblock, sondern auch Unternehmen aus Westeuropa, den USA und Japan in die Stadt lockte, und versuchte sich an einer Neuausrichtung. Die neue Leipziger Messe am jetzigen Standort ist letztendlich das Ergebnis der Kreativität der Messemacher, die bereits im Herbst 1990 entgegen aller Ungewissheit erste Fachmessen für die Branchen Bauen und Reisen auf den Weg brachten.

1991 wurde die staatliche Messe zur GmbH mit dem Freistaat Sachsen und der Stadt als Gesellschafter. Im gleichen Jahr entstand die Idee, ein neues, zeitgemäßes Messegelände zu bauen, zwei Jahre später, im August 1993, wurde der Grundstein zum 680 Millionen Euro teuren Komplex gelegt, der am 12. April 1996 feierlich eröffnet wurde, nun bestens angeschlossen mit einer eigenen Autobahnabfahrt von der A 14, einem eigenen Bahnhof und dem nur wenige Minuten entfernten Flughafen Leipzig-Halle.

Dreh- und Angelpunkt dieser neuen Leipziger Messe ist die riesige Glashalle, von der aus man die einzelnen Ausstellungshallen erreicht, eingebettet in eine moderne, weitläufige Außenanlage. Die großen Publikumsmagneten wie die Automesse International AMI und die Leipziger Buchmesse, aber auch die Nischenthemen haben die Leipziger Messe in eine stabile Zukunft geführt. Um das Gelände ganz in Ruhe zu entdecken, empfiehlt sich durchaus ein Besuch abseits des Messetrubels.

Adresse Messe-Allee 1, 04356 Leipzig (Seehausen), www.leipziger-messe.de | **ÖPNV** Straßenbahn 16, Haltestelle Messegelände | **Tipp** Ein mit Stahlwänden gegen das Wasser geschützter Weg durchquert das große Wasserbecken vor dem Haupteingang zur Glashalle diagonal. Ein guter Ort für skurrile Fotoeffekte.

73 Das Neue Rathaus
Eine Burg bleibt eine Burg

Man sucht ziemlich lange nach dem Neuen Rathaus, wenn man neu mit modern gleichsetzt. Doch das Neue Rathaus hatte schon 2005 seine 100 Jahre auf dem Buckel. Gemeinsam mit dem angeschlossenen Stadthaus ist es aber nach wie vor eines der größten Rathäuser weltweit.

Schönheit ist zwar Geschmackssache, aber groß ist das Haus tatsächlich, irgendwie burgähnlich, eine Art Verwaltungsfestung. Und dieser Eindruck kommt nicht von ungefähr. Tatsächlich bezieht sich das Rathaus auf die Pleißenburg, deren erste Version Markgraf Dietrich der Bedrängte bereits im 13. Jahrhundert errichten ließ. Noch bevor die Burg zerstört und neu gebaut wurde, war Martin Luther hier Gast. Zumindest zwei Besuche sind nachgewiesen: Während der Leipziger Disputation stritt er auf Einladung der Universität mehrere Tage Seite an Seite mit anderen Anhängern der Reformationsbewegung mit dem katholischen Theologen Johannes Heck. 20 Jahre später hielt er in der Schlosskapelle die erste evangelische Leipziger Predigt.

1549 ließ Kurfürst Moritz die durch den Schmalkaldischen Krieg schwer zerstörte Burg neu errichten. Wieder gute 200 Jahre später hatte die Pleißenburg als Wehranlage ausgedient, bekam eine Sternwarte auf den Turm gesetzt, diente als Kaserne, für Verwaltungszwecke und beheimatete die Zeichen- und Kunstakademie, die Vorläuferin der heutigen Hochschule für Grafik und Buchkunst, in der auch Goethe das Zeichnen lernte.

Einzig der Turm der Pleißenburg steht noch heute, er ist nämlich Teil des 114 Meter hohen Rathausturms geworden. Denn der Architektenwettbewerb, den Stadtbaumeister Hugo Licht gewann, hatte es zum Ziel, diese bekannte Silhouette zu erhalten. Ein Gebäudekomplex mit 600 Räumen verteilt auf 10.000 Quadratmetern entstand nach seinen Entwürfen unter eben dem Motto »Arx nova surgit – Eine neue Burg entstehe«. Stadthaus und Rathaus sind mit der »Beamtenlaufbahn« verbunden, einer geschlossenen Brücke.

Adresse Martin-Luther-Ring 4–6, 04109 Leipzig (Zentrum) | **ÖPNV** Straßenbahn 2, 8, 9, Haltestelle Neues Rathaus, Straßenbahn 10, 11, Haltestelle Wilhelm-Leuschner-Platz | **Tipp** Die Einkaufspassage Petersbogen zwischen Petersstraße und Burgplatz ist unvollendet. Seit ihrer Eröffnung 2001 stemmt sich die Mall mit einer temporären Glaswand gegen die ewige Baugrube am Burgplatz.

74 Die Nikolaisäule
Die klassizistische Palme als Freiheitsbaum

Jeder weiß, dass die Nikolaikirche das Epizentrum der revolutionären Erschütterungen des Herbstes 1989 war. Weil aber die Religion in dieser Geschichte hinter der Kirche als Ort zurücktritt, ist die Säule, die wenige Meter vom Kirchenbau entfernt auf dem Nikolaikirchhof steht, eine äußerst positive und offene Form der Erinnerung an ebenjene Tage, die Deutschland und Europa so nachhaltig verändert haben.

Und genau das wollte der Leipziger Künstler Andreas Stötzner vermitteln, als er seinen Entwurf 1999 an dieser prominenten Stelle umsetzte: die Verbindung der Nikolaikirche als Ort mit der revolutionären Energie der Stadt. Dazu nahm er Abdrücke der klassizistischen Säulen im Inneren der Kirche und interpretierte sie auf dem Nikolaikirchhof als Baum, der, nach oben geöffnet, an eine Palme erinnert. Damit griff Stötzner auf die Tradition der Freiheitsbäume zurück, die vor allem in den Revolutionsjahren zum Ende des 18. Jahrhunderts in der ganzen Welt und von ganz verschiedenen Gruppen als Symbol der Auflehnung gegen die herrschende Klasse angesehen und verehrt worden sind.

Zurück geht diese Tradition wohl auf eine Ulme in Boston, den »Tree of Liberty«. Er war ein wichtiger Versammlungsort des Widerstandes der Amerikaner während des Unabhängigkeitskriegs gegen die Unterdrückung durch die englische Kolonialmacht, vor allem gegen das ausbeutende Stempelgesetz, den »Stamp Act« von 1765. Auch die Jakobiner hatten im Zuge der französischen Revolution ihren Freiheitsbaum, sodass sich der Brauch über ganz Europa ausbreitete.

Die Nikolaisäule wurde am 9. Oktober 1999 feierlich eingeweiht, auch der Bundeskanzler war bei der Zeremonie dabei. 2003 wurde das gesamte Umfeld der Kirche zum Gedenkort umgebaut. Dazu gehören der von David Chipperfield entworfene Granit-Brunnen und die 144 in das Bodenpflaster eingelassenen farbigen Glaswürfel des Leipziger Künstlers Tilo Schulz.

Adresse Nikolaikirchhof, 04109 Leipzig (Zentrum), www.nikolaikirche-leipzig.de |
ÖPNV Straßenbahn 4, 7, 8, 10, 11, 12, 15, 16, Haltestelle Augustusplatz | **Tipp** Natürlich muss man die Kirche auch besuchen, dazu wird unter dem Motto »Offene Stadtkirche« gezielt eingeladen, Mo–Sa 10–18 Uhr, So zu den Gottesdiensten. Regelmäßige Führungen geben Einblicke in die über 800-jährige Geschichte.

75 — Noels Ballroom
There are no strangers here

Was wird der junge Dubliner Barmann, der sich 1993 mit Mitte zwanzig auf Empfehlung vom Bierbrauer Guinness auf den Weg nach Leipzig machte, wohl gedacht haben, als er in der alten Straßenbahn um den Ring in Richtung Südvorstadt ratterte? Selbst als hartgesottener Ire mit jahrelanger Kneipenerfahrung wird er kurz an seiner Entscheidung gezweifelt haben. Nicht nur, dass Noel kein Wort Deutsch sprach, er war hier gar nicht in Deutschland gelandet, sondern in der DDR. Die Karl-Liebknecht-Straße war noch Jahre davon entfernt, die bedeutendste Kneipenstraße der Stadt zu werden, und auch ansonsten wirkte damals vieles trostlos.

Doch Noel blieb, schob jahrelang Dienst im Irish Pub Killi Willy, neben der naTo und vielleicht noch Ingolfs Eck, einer der Läden der ersten Stunde, und träumte von der eigenen Kneipe. Die harten Schichten im harten Flower Power bildeten im Anschluss das Fundament, diesen Traum zu erfüllen. 2001, acht Jahre nach seiner Ankunft in Leipzig, öffneten die Türen zu seinem McCormacks auf der Karli. Der Laden lief gut, und mit dem Ballroom kam 2006 ein zweites, noch reizvolleres Objekt dazu.

Mittlerweile konzentrieren sich Noel und sein Team nur noch auf diesen Laden. Ein spannender, verwinkelter, liebevoll und vollkommen authentisch eingerichteter Pub mit einer freundlichen und verdammt schnellen Mannschaft, einer guten irischen Küche und der passenden Getränkekarte. Der erste Eindruck vermittelt das kaum, aber die beinahe labyrinthartige Kneipe hat ganz locker mal 200 Sitzplätze, dazu kommt der Saal, der konsequent mit guter internationaler Rockabilly-, Ska- oder Swingmusik bespielt wird, außerdem werden hier die passenden Tanzkurse angeboten. Und dann ist da ja noch der wahrscheinlich schönste Freisitz der Stadt.

Das Motto des Ladens passt dann wieder gut zu Noels Geschichte: There are no strangers here, only friends who have never met.

Adresse Kurt-Eisner-Straße 43, 04275 Leipzig (Südvorstadt), www.noels-ballroom.com | **ÖPNV** Straßenbahn 10, 11, Bus 60, 74, Haltestelle Karl-Liebknecht-Straße/Kurt-Eisner-Straße | **Öffnungszeiten** Mo–So ab 17 Uhr | **Tipp** Wer die passende Frisur zum Laden will, der wird beim Szenefriseur »Kopf und Kragen« in der Kochstraße 25 bestens bedient. Aber natürlich wird hier auch jeder konservative bis exzentrische Wunsch bestens umgesetzt.

76 — Das obere Elsterwehr
Romantischer Funktionsbau mit gewaltiger Anziehung

Es rauscht. Es rauscht hier immer. Wie eine mittelalterliche Burg, erbaut aus groben Feldsteinen, wächst die Anlage des oberen Elsterwehrs, auch Palmengartenwehr genannt, aus dem Wasser. Stemmt sich gegen die Fluten, deren Kraft es seit seiner Fertigstellung 1917 gerade bei Hochwasser kontrollieren soll. Dafür wurde es erbaut.

Eine seltsam repräsentative, beinahe märchenhafte Erscheinungsform für einen reinen Funktionsbau. Von Süden aus spiegelt sich das Wehr mit seinen drei Türmen in der glatten Oberfläche des Elsterflutbettes. Ein Anziehungspunkt für Freizeitpaddler und die kleinen Ausflugsmotorboote. Hier münden die Weiße Elster und der Elstermühlgraben in das Flutbett, das sich unterhalb der zwei kleinen und zwei großen Bögen lautstark ins Elsterflutbecken ergießt. Obwohl das Wasser hier beinahe unbewegt wirkt, ist die Stärke der Strömung an dieser Stelle enorm. Manches Ruderboot kommt dem Wehr gefährlich nah. Nach einem tragischen Unfall an dieser Stelle wurden 2011 sogenannte Rettungsschaukeln angebracht, an denen man sich im Notfall festhalten kann.

Von der anderen Seite, vom Palmengarten oder vom Richard-Wagner-Hain aus gesehen, erschließt sich der Wehrcharakter des Baus schon allein angesichts der herabstürzenden Wassermassen. Erbaut wurde das kombinierte Walzen- und Schützenwehr, das heute als technisches Denkmal gilt, nach den Plänen des Architekten Georg Wünschmann. Der war auch für die äußerliche Gestaltung der Anlage verantwortlich.

Nach langen Diskussionen entschloss man sich nach dem Jahrhunderthochwasser im Jahr 1909 recht schnell für die Umsetzung des Hochwasserschutzes durch das Elsterbecken. Zu dessen Anlage gehört das Palmengartenwehr. Die Bedeutung des Wehrs zeigte sich eindrucksvoll im Jahr 1954, als ein Defekt nach starken Niederschlägen zur Überflutung großer Teile der äußeren Westvorstadt und des Waldstraßenviertels führten.

Adresse Am Elsterwehr, Verlängerung der Mainzer Straße, 04109 Leipzig (Zentrum-West) | **ÖPNV** Straßenbahn 1, 2, Haltestelle Clara-Zetkin-Park | **Tipp** Vom Bootsverleih des SC DHfK im Klingerweg 2 aus kann man sich mit Kajak, Kanadier oder Ruderboot selbst aufs Wasser begeben.

77 — Der Palmengarten
Ein Park für die gehobene Gesellschaft

Ein leichter Nebelschleier schwebt vom Elsterbecken her über die Wiesen des Palmengartens und streut das Licht der tief stehenden Herbstsonne. Über den glatten Wasserspiegel schweben einige Möwen vom Richard-Wagner-Hain herüber. Das Elsterwehr rauscht unermüdlich, ein paar Hunde tollen bellend über die historische Freitreppe hinunter zum Ufer, davor schaukeln entspannt ein paar Schwäne.

Ein perfekter Tag im Palmengarten, der noch heute etwas Besonderes ist in der umfangreichen Leipziger Parklandschaft. 1893 gestaltete der Leipziger Landschaftsgärtner Otto Moßdorf das Gelände für die Gartenbauausstellung anlässlich des 50-jährigen Bestehens des Leipziger Gärtner-Vereins. Einige Jahre später sollte an dieser Stelle ein Palmengarten nach Frankfurter Vorbild entstehen. Den Wettbewerb um die Gestaltung gewann zwar der Gartentechniker Eduard May aus der Main-Metropole, Moßdorf, der den zweiten Platz belegte, wurde aber vor Ort mit der Umsetzung beauftragt und hatte so doch noch die Gelegenheit, dem Park dezent seinen Stempel aufzudrücken.

Am 29. April 1899 wurde der Palmengarten feierlich eröffnet. Zugänglich war die Anlage, deren Kernstück das Gesellschaftshaus mit einem angeschlossenen Palmenhaus der Architekten Schmidt und Johlige darstellte, aber nur der gehobenen Gesellschaft. Nach der Übernahme des Parks durch die Stadt wurde die Anlage aufgrund der hohen Betriebskosten verkleinert. Der nach dem Leipziger Künstler Max Klinger benannte Klingerhain, der Zipfel zwischen Elster und Elsterbecken, wurde 1936 für die breite Öffentlichkeit freigegeben. Und weil man in Leipzig mit Bauprojekten noch nie zimperlich war, sprengte man 1939 die Gebäude des Palmengartens, um Platz für die an dieser Stelle für das Folgejahr geplante Gutenberg-Ausstellung zu schaffen. Der Zweite Weltkrieg machte der aber einen Strich durch die Rechnung.

Adresse südlich der Jahnallee, 04177 Leipzig (Lindenau) | **ÖPNV** Straßenbahn 3, 7, 8, 13, 15, Haltestelle Angerbrücke, Straßenbahnhof, Straßenbahn 1, 2, Haltestelle Clara-Zetkin-Park | **Tipp** Die denkmalgeschützte Gastankstelle an der Ecke Jahnallee/Lützner Straße wird nach Sanierung und Umbau seit 2007 als RevueTheater »Am Palmengarten« mit angeschlossener Gastronomie betrieben, www.palmengarten-leipzig.de.

78 Das Panometer
Eintauchen in eine andere Welt

Seit den 90ern ist »Virtual Reality« ein geflügeltes Wort, nicht nur in den Wohnhöhlen der eingeborenen Internetbewohner mit Geburtsjahren ab 1995. Alles Einsen und Nullen und neuerdings auch noch in 3-D: im Kino, auf den heimischen Flatscreens und sogar auf dem Handydisplay.

Von daher scheint Yadegar Asisis Idee auf den ersten Blick irgendwie altmodisch. Betritt man das Rund des industrieromantischen Gasometers aber, erfährt man die Macht des gut gemachten Bildes. Wer das kann, was Asisi hier zeigt, der braucht keine digitale 3-D-Technik. Seine Panoramabilder sind schlichtweg überwältigend. »Amazonien«, aber auch alle anderen Arbeiten, die hier gezeigt werden und wurden, gehören zu den größten Panoramabildern der Welt: 30 Meter Höhe, 100 Meter Umfang, 3.000 Quadratmeter Fläche und ein Gewicht von 650 Kilogramm, das sind die Eckdaten der Leinwand. Und diese Ausmaße sind nötig, um eine geschlossene 360-Grad-Darstellung in einem Größenverhältnis von eins zu eins zu erzeugen.

Doch was das Bild neben seinen rein technischen Besonderheiten zu einer echten Sehenswürdigkeit macht, sind die wunderbar verdichtete Darstellung, die Detailverliebtheit und der perfektionierte Umgang mit der Perspektive. Dieses Bild ist eine zweidimensionale Montage mit einer Tiefenwirkung, die manche 3-D-Technik übertrifft. Dazu kommt ein ausgefuchstes Audio- und Lichtkonzept, das, so zumindest im Rahmen der Amazonien-Ausstellung, einen ganzen Tag im brasilianischen Dschungel erlebbar macht.

Der Architekt und Künstler Yadegar Asisi zeigt in dem alten Leipziger Gasspeicher abwechselnd Amazonien, Everest und ein Panorama anlässlich des 200-jährigen Völkerschlachtjubiläums. Begleitend zu allen Panoramen führt eine aufwendige Ausstellung in das jeweilige Thema ein. Dschungelerfahrungen oder Geschichtsdiplom werden also nicht vorausgesetzt.

Adresse Richard-Lehmann-Straße 114, 04275 Leipzig (Südvorstadt), www.asisi.de | **ÖPNV** Straßenbahn 9, Haltestelle Arthur-Hoffmann-/Richard-Lehmann-Straße, Straßenbahn 16, Haltestelle Richard-Lehmann-/Zwickauer Straße | **Öffnungszeiten** April–Okt. Di–Fr 10–18 Uhr, Sa, So 10–19 Uhr; Nov.–März Di–Fr 10–17 Uhr, Sa, So 10–18 Uhr | **Tipp** Folgt man der Richard-Lehmann-Straße nach Westen, erreicht man schnell die sogenannte »Automeile«. Alle möglichen renommierten Autobauer haben hier repräsentative Häuser errichtet. Ein wichtiges Schaufenster für Leipzig als mittlerweile bedeutendem Autostandort.

79 — Der Park Abtnaundorf
Sentimentaler Geheimtipp

Die Fahrt nach Abtnaundorf ist ernüchternd, der Nordosten gehört nicht gerade zu den prosperierenden Gegenden der Stadt und ist vom großen Leerstand geprägt. Umso eleganter ist da die kleine Ortschaft Abtnaundorf, die erst seit 1930 zu Leipzig gehört. Villen rechts, Villen links und im Zentrum ein Schloss, das mit dem Verweis auf seine Bewachung als Privatanwesen gekennzeichnet ist. Der Park zum Schloss ist heute allerdings frei zugänglich und ein echter Geheimtipp. Verschlungene Wege entlang dem kleinen Flüsschen Parthe, ein dichtes Blätterdach und ein kleiner Teich mit einer Insel und einem romantischen Tempel darauf. Daneben ein moderner Spielplatz.

Der Park ist im Stil eines sentimentalen Landschaftsgartens angelegt, und obwohl von der ursprünglichen Gestalt nicht mehr viel geblieben ist, hat er von der Ausstrahlung über die Jahrhunderte nur wenig verloren. Die Geschichte geht zurück bis in die 50er Jahre des 17. Jahrhunderts. Dr. Traugott Thomasius schuf die Parkanlage zum damaligen Rittergut. Etwa 40 Jahre später gelangte das Anwesen in den Besitz der Familie Frege, einer der bedeutendsten und reichsten Bankiersfamilien der Stadt. Die Freges erweiterten die Anlage, nach der Verwüstung im Zuge der Völkerschlacht wurde eine teilweise Umgestaltung nötig. Ende des 19. Jahrhunderts wurde ein Familienmausoleum am Ende der Kastanienallee errichtet, das Herrenhaus wurde abgerissen und mit dem Bau des Schlosses und zweier Portalgebäude begonnen.

Während der Naziherrschaft nutzte die NSDAP den Park und ließ ihn weitestgehend verwahrlosen, in den Nachkriegsjahren verfeuerte man große Teile des Baumbestands. Die Grabanlage wurde im Zuge des Zweiten Weltkrieges zerstört, das Schloss und die zugehörigen Gebäude konnten aber erhalten bleiben. Seit 1945 ist die Parkanlage, mittlerweile in städtischem Besitz, erstmals für die Öffentlichkeit zugänglich.

Adresse Zugang etwa ab Abtnaundorfer Straße 58, 04347 Leipzig (Schönefeld-Abtnaundorf) | **ÖPNV** Straßenbahn 9, Haltestelle Döringstraße | **Tipp** Unweit des Parks in der Theklaer Straße erinnert ein Gedenkstein an die Opfer der Naziherrschaft, die hier im Außenlager des KZ-Buchenwald zur Montage von Flugzeugteilen gezwungen wurden. Während eines regelrechten Massakers wurden zum Ende des Krieges viele der Häftlinge getötet.

80 Die Parkbühne Geyserhaus
Pippi Langstrumpf und Rock 'n' Roll

Etwas versteckt, am Rande des Eutritzscher Brettschneiderparks, befindet sich die Parkbühne des Geyserhaus-Vereins. Eine kreative, hügelige Pippi-Langstrumpf-Oase mit Experimentier- und Draußen-Spiel-Möglichkeiten. Eingerahmt von einem rauschenden Blätterdach, bekommen Großstadtkinder hier ihre Portion Natur, gepaart mit hübsch pädagogischen Angeboten. Das Gelände bietet Kindern viel Freiraum, hat aber auch den Vorteil, dass Eltern den eingezäunten Bereich gut überblicken können.

Abseits der Bühne, deren zentraler Bau nach der aufwendigen Sanierung irgendwie an Hundertwasser erinnert, findet sich ein guter Platz für ein riesiges Lagerfeuer. Umstellt von kleinen überdachten Sitzgruppen, ist er der perfekte Ort für eine Open-Air-Party, ob mit oder ohne Kinder.

Zumindest tagsüber stehen Kinder aber im Mittelpunkt, können Baumhäuser bauen, den abenteuerlichen Spielplatz erkunden oder den Klangspielplatz des Naturwissenschaftlers, Pädagogen und Musikers Erwin Stache ausprobieren. Schafft man in dem kleinen Wald aus Stahlstangen mit dem eigenen Körper eine Verbindung zwischen zwei Stangen, erzeugt das Geräusche, deren Dauer und Intensität die Benutzer variieren können. Die moderne Anlage wird ergänzt durch einen offenen Jugendtreff und ganz verschiedene pädagogische Angebote.

Doch für viele Besucher ohne eigenen Nachwuchs ist die Parkbühne vor allem Veranstaltungsort. Im romantischen Stadtwaldambiente wird sie an zahllosen Abenden vor allem musikalisch bespielt. Christian Gottlieb Geyser würde das Engagement des nach ihm benannten Vereins sicher freuen. In der Gräfestraße 25, dem an den Außenbereich angrenzenden Grundstück und im darauf befindlichen Fachwerkhaus, lebte der bekannte Kupferstecher. Er war im späten 18. Jahrhundert unter anderem für viele Illustrationen der Erstausgaben der bekanntesten Schriftsteller seiner Zeit zuständig.

Adresse Zugang über Kleiststraße an der Ecke zur Baaderstraße, 04157 Leipzig (Gohlis-Mitte), www.geyserhaus.de | **ÖPNV** Straßenbahn 14, 16, Haltestelle Mosenthinstraße | **Tipp** Der Name ist irgendwie Programm im UnterRock, der Kellerkneipe des Geyserhauses in der Gräfestraße 25. Ein rustikaler Laden mit einem sehr guten Angebot an kleinen, ausgesuchten Blues- und Rockkonzerten.

81 Die Parkeisenbahn Auensee

Thälmannpioniere abgedampft

Die kleine Schmalspurbahn, die um den künstlich angelegten Auensees tuckert, ist seit über 60 Jahren eine kleine Attraktion. Bei gutem Wetter ist die Dampflok mit einer Spurweite von 381 Millimetern und den acht offenen Personenwagen meist voll besetzt auf ihrem 1,9 Kilometer langen Rundkurs unterwegs. Da freuen sich die Kleinen, Mutti juchzt, und Opa steht an der Strecke und macht Fotos. Das ist nett, aber nicht besonders spektakulär.

Was die Parkeisenbahn am Auensee aber zu etwas Besonderem macht, ist ihre Geschichte: Am 5. August 1951 nahm sie als zweite Pioniereisenbahn der DDR ihren Dienst auf. Dieses Konzept, so ideologisch motiviert es auch war, bringt bei vielen ehemaligen Pionieren die Augen zum Leuchten. Wer als Kind, mit Schaffnermütze und -kelle bewaffnet, einen Spielzeugzug über Holzschienen schob, später vielleicht akribisch an der Eisenbahnplatte herumschraubte, der konnte als Pionier seine Freizeit als Schaffner, Lokführer oder Schrankenwärter verbringen. Natürlich musste man im Sinne der Obrigkeit ein guter Pionier sein, um die Eisenbahneruniform anziehen zu dürfen. Wer es aber in die Truppe geschafft hatte, der durfte nicht nur Schaffner spielen, sondern wurde abseits des reinen Bahnbetriebes und in den Wintermonaten auch theoretisch geschult. Viele der Eisenbahn-Pioniere machten so später Karriere bei der staatlichen Deutschen Reichsbahn. 14 dieser Pionierbahnen gab es zu Hochzeiten landesweit. Die meisten von ihnen haben die Wende überstanden und werden heute als Parkeisenbahnen betrieben.

Am Auensee sind in ihrer Freizeit also immer noch Kinder als Eisenbahner unterwegs und halten die alte Dampflok von 1925 am Laufen. Nur ein paar neue Personenwagen und eine Akku-Lok für die besucherschwachen Tage wurden in den vergangenen Jahrzehnten angeschafft, ansonsten dampft es am Auensee wie eh und je.

Adresse Gustav-Esche-Straße 8, 04159 Leipzig (Wahren), www.parkeisenbahn-auensee-leipzig.de | **ÖPNV** Straßenbahn 11, Haltestelle Wahren, von dort zu Fuß oder mit Bus 80, Haltestelle Auensee | **Öffnungszeiten** Apr.–Okt. Di–Sa 14–18 Uhr, So, feiertags 10–13, 14–18 Uhr | **Tipp** Das Haus Auensee ist die ehemalige zentrale Gaststätte des Luna-Parks, eines Freizeitparks, der hier bis in die 1930er Jahre betrieben und nach dem Konkurs abgerissen wurde. Der sehr schöne Saal wird heute regelmäßig für Konzerte nationaler und internationaler Künstler genutzt, er bietet Platz für über 2.000 Besucher.

82 Die Passagen und Höfe
Trockenen Fußes durch die City

Natürlich wäre es vermessen, das ausführliche Leipziger Passagensystem nur für die Möglichkeit wetterunabhängiger Cityspaziergänge zu würdigen. Aber es ist schon angenehm, bei beißendem Wind, peitschendem Regen oder klirrender Kälte gut geschützt durch die spektakulären Passagen zu flanieren und die reich verzierten Geschäfte und deren oft ziemlich exklusive und teure Waren zu bestaunen. Das hat nichts mit den neuzeitlichen Malls zu tun, die immergleiche Angebote in schmucklose Glasquader pressen.

Leipzig ist so etwas wie die Passagenhauptstadt mit all den innerstädtischen Höfen und Durchgängen, in denen man sich auch bestens verlaufen kann. Schließlich ist es gar nicht so leicht, sich in einer fremden oder auch in der eigenen Stadt zu orientieren, wenn man immer wieder von der Karte verschwindet und an unbekannter Stelle ins Freie tritt.

Erwähnt werden muss die Mädler-Passage aus zweierlei Gründen: erstens Goethe, zweitens Schneider. Ersterer hat den edelsten der Leipziger Durchgänge mit seinem Weltbestseller »Faust« geadelt, indem er den verjüngten Doktor und seinen diabolischen Reisebegleiter hier Station machen ließ. Der andere Doktor, Utz Jürgen Schneider, gern Baulöwe genannt, hat dieses Schmuckstück aus dem 16. Jahrhundert nach der Wende auf Hochglanz polieren lassen. Allerdings auf Basis eines Geflechts aus Milliardenbetrügereien, das irgendwann aufflog und den Doktor fliehen ließ, bis nach Amerika, von wo aus er dann in einen weniger prachtvollen Bau einziehen durfte.

Wer in Leipzig nicht unmittelbar von seinen Machenschaften betroffen war, spricht durchaus mit Respekt von dem Mann, der den Großbanken das Geld so virtuos aus dem Tresor komplimentiert hat. So auch bei der Sanierung einer weiteren Passage, Barthels Hof, und vieler anderer Gebäude. Der ebenfalls aufwendig sanierte Specks Hof ist die älteste der noch erhaltenen Leipziger Ladenpassagen.

Adresse bester Einstiegspunkt ist der Messehof in Petersstraße 15–17, 04109 Leipzig (Zentrum) | **ÖPNV** Straßenbahn 2, 8, 9, 10, 11, Haltestelle Wilhelm-Leuschner-Platz | **Tipp** Menschen mögen so etwas, also nichts wie ran an den Fuß des Doktor Faust am Eingang zu Auerbachs Keller in der Mädler-Passage, kräftiges Rubbeln soll Glück bringen.

83 Das Paulinum
Erinnerung kann man nicht sprengen

Es knallt, Mauerwerk bricht krachend auseinander, herabstürzende Gesteinsbrocken lassen den Karl-Marx-Platz erzittern, dann legt sich Staub über die Szene. Ruhe. Als sich der Nebel verzieht, ist die Universitätskirche St. Pauli verschwunden. Über 700 Jahre Geschichte hinfortgefegt von einer Idee, die da längst schon zu Ideologie geworden ist.

Beinahe gänzlich ohne politischen Widerstand vonseiten der Stadt oder der Universitätsführung hatte das Politbüro unter Vorsitz des Leipzigers Walter Ulbricht die Pläne für den Neubau der Karl-Marx-Universität beschlossen. Unter den Augen Hunderter Schaulustiger schaffte man dafür am Morgen des 30. Mai 1968 Platz, durch die Sprengung des im Krieg schwer zerstörten Augusteums und der beinahe unversehrten Universitätskirche. Wissenschaft und Religion passten für die DDR-Obrigkeit nicht zusammen.

Obwohl die Lücke, die die Kirche hinterließ, schnell überbaut war, blieb sie ein Zeichen der Macht und der Willkür des noch nicht einmal 20 Jahre alten Staates. Doch die Kirche und der Akt ihrer Zerstörung ließen sich nicht einfach so aus der kollektiven Erinnerung sprengen. Als um die Jahrtausendwende über die Neugestaltung der mittlerweile bröckelnden Campus-Bebauung nachgedacht wurde, setzte die Verarbeitung erst richtig ein. Der Künstler Axel Guhlmann brachte 1998 am Standort der ehemaligen Ostfassade eine Installation an, die die Konturen der Kirche in Originalgröße nachbildete.

Die Diskussionen um Wiederaufbau oder Neuinterpretation liefen lange auf Hochtouren und in Detailfragen bis beinahe zur Fertigstellung des neuen Paulinums nach Plänen des Architekten Erick van Egeraat. Ein Bau mit großer integrativer Kraft, der alte Formen und Elemente des neogotischen Baus aufgreift und modern umsetzt. So ist ein Gebäude entstanden, das der Uni als Aula dient, aber auch ein Ort des Gedenkens und ein Raum für große Gottesdienste.

Adresse Augustusplatz, 04109 Leipzig (Zentrum) | **ÖPNV** Straßenbahn 4, 7, 8, 10, 11, 12, 15, 16, Haltestelle Augustusplatz | **Tipp** Auf der gegenüberliegenden Seite des Augustusplatzes, an der Ecke zum Grimmaischen Steinweg, befindet sich die ehemalige Hauptpost mit ihrer 60er-Jahre-Alu-Glasfassade am historischen Poststandort. Der Filialbetrieb wurde hier noch bis 2011 aufrechterhalten, danach wurde die Post unregelmäßig als Partylocation genutzt. 2013 wurde das Gebäude an einen Investor verkauft.

84 Die Peterskirche
Der höchste Kirchturm der Stadt

Man muss kein Architekt, kein Kunsthistoriker und noch nicht mal Protestant sein, um sich für die evangelisch-lutherische Peterskirche am Schletterplatz zu begeistern. An der riesigen neogotischen Kathedrale mit den vielen kleinen Türmen, dem 88 Meter hohen Hauptturm, den großen Glasfenstern, der reich verzierten Fassade und der angeschlossenen, beinahe märchenhaft anmutenden Taufkapelle kann man sich festgucken und entdeckt immer neue Details.

Die Geschichte der Kirche und vor allem die ihrer Gemeinde geht weit zurück in der Zeit. Bereits im 10. Jahrhundert gab es etwas weiter nördlich in der heutigen Petersstraße die capella beati Petri. Sie stellte das Zentrum eines der ältesten deutschen Siedlungskerne im Bereich der Stadt Leipzig, des vicus St. Petri, dar. Die Fischersiedlung befand sich etwa am Standort des heutigen Wilhelm-Leuschner-Platzes.

Wie diese Kirche aussah, ist allerdings nicht überliefert. 1507 wurde an gleicher Stelle ein neuer Bau errichtet. Im Zuge der Reformation wurde der schnell nutzlos und fristete ein Dasein als Kalkscheune und als Kaserne. Knapp 200 Jahre später hübschte man die alte Kirche ein wenig barock auf und nahm sie nun als evangelisches Gotteshaus wieder in Betrieb. Dort wurde es aber schnell zu eng. Die gezielte Besiedlung der Südvorstadt ließ die Gemeinde sprunghaft anwachsen.

Im Jahr 1876 wurde die Petersgemeinde unabhängig, und ein repräsentativer Kirchenbau musste her. Der Architekturwettbewerb brachte kein eindeutiges Ergebnis, also erarbeiteten die Architekten August Hartel aus Krefeld und der Leipziger Constantin Lipsius einen Gemeinschaftsentwurf für den neuen Standort am Schletterplatz. Der erste evangelische Kirchenneubau der Stadt wurde am 27. Dezember 1885 eingeweiht. Seit der Wende werden die massiven Kriegsschäden nach und nach beseitigt, die Gemeinde ist aber weiterhin auf Spenden angewiesen.

Adresse Schletterstraße 5, 04107 Leipzig (Zentrum-Süd), www.peterskirche-leipzig.de | **ÖPNV** Straßenbahn 10, 11, Haltestelle Hohe Straße | **Tipp** Wer Comics der Bibel als Bettlektüre vorzieht, der ist im Comic Combo bestens aufgehoben. Der Laden findet sich in der Riemannstraße 31 und hat ein gutes Angebot an Comics, Mangas und allem, was es drumherum und dazwischen noch so gibt.

85 Der Promenadenring
Lebendige Leipziger und viele Bronzeköpfe

Wenn man mit dem Auto über den vielspurigen Innenstadtring rollt, irgendwann den Blinker setzt und in einer der Tiefgaragen verschwindet, hat man den Promenadenring meist passiert, ohne dass man es überhaupt bemerkt hat. Dabei zeugt der ringförmige Straßenverlauf noch heute von den Wehranlagen, die die Stadt einst umschlossen.

Mit der Entwicklung immer moderneren Kriegsgerätes im 18. Jahrhundert waren die alten Mauern nutzlos geworden. Also wurde die Befestigung weggerissen, der Stadtgraben verfüllt, und ein Ring aus Parkanlagen entstand. Verschiedene Strömungen der Gartenarchitektur, bauliche Veränderungen, der Ausbau des Straßensystems und vor allem der Zweite Weltkrieg und der teilweise rigorose Abriss zu DDR-Zeiten haben den Promenadenring verändert, aber nicht gänzlich verschwinden lassen. Noch immer kann man beinahe lückenlos von einer schattigen Rasenfläche zur nächsten schlendern. Zwischen Oper und Hauptbahnhof findet sich sogar noch ein Stück des alten Stadtgrabens, der hier zu einem Teich, dem Schwanenteich, umgestaltet wurde.

Beim Ring-Spaziergang begegnet man neben vielen quicklebendigen jungen Menschen – schließlich führt der direkte Weg zur Uni durch die Grünanlage – auch einigen alten Leipziger Köpfen, meist in Bronze gegossen oder in Stein gehauen: Carl Wilhelm Müller, ehemaliger Bürgermeister und Initiator des Promenadenrings, Richard Wagner, geboren in Leipzig, der auf die Rückseite der Oper starrt, Robert Schumann, Friedrich Schiller, Johann Sebastian Bach und viele mehr. Sie alle saßen zu Lebzeiten das eine oder andere Mal auf einer der typischen Ruhebänke, die übrigens noch zu Beginn des 20. Jahrhunderts per Beschriftung in Kinder- und Erwachsenenbänke eingeteilt waren. Denn wenn die Kindermädchen mit ihren Schützlingen im Park unterwegs waren, bekam der normale Spaziergänger vor dieser Maßnahme oftmals keinen Platz mehr.

Adresse gesamter Innenstadtring | **ÖPNV** z.B. Straßenbahn 4, 7, 8, 10, 11, 12, 15, 16, Haltestelle Augustusplatz | **Tipp** Natürlich muss man die Oper gesehen und gehört haben. Der Neubau steht an der Stelle des kriegszerstörten Neuen Theaters. Das Leipziger Musiktheater hat eine über 300-jährige Tradition und zählt zu den ältesten Europas.

86 Das Psychiatriemuseum
Die Geschichte des Irr-Sinns

Beinahe in Rufweite zum Sächsischen Psychiatriemuseum befindet sich das Deutsche Kleingartenmuseum. Zur alljährlichen Museumsnacht teilen sich beide Häuser oftmals die zahllosen Besucher. Doch die Einrichtungen verbindet mehr als die räumliche Nähe. Beide werden entscheidend vom Namen Schreber beeinflusst, wenn auch auf denkbar konträre Art.

Während das Kleingartenmuseum auf Dr. Schrebers Verdienste bei der Entwicklung der eigenen kleinen grünen Scholle im städtischen Umfeld aufmerksam macht, beleuchtet das Psychiatriemuseum die Krankheitsgeschichte von Daniel Paul Schreber als eine der zentralen Biografien bekannter, regionaler Psychiatriepatienten. Schreber war kurzzeitig Senatspräsident des Oberlandesgerichtes in Dresden und Sohn des vermeintlich netten Doktors. Dessen Rolle in der Erziehung seiner Kinder ist umstritten, scheint sich aber eher negativ auf deren Entwicklung ausgewirkt zu haben.

Daniel Paul Schreber entwickelte mit Anfang vierzig eine ausgeprägte Paranoia, ließ sich mehrere Male in die Psychiatrie einweisen und starb schließlich mit 68 Jahren in der Heilanstalt Dösen. Nicht allerdings, ohne mit der distanzierten und klugen Sprache eines erfolgreichen Juristen sein Krankheitsbild im Buch »Denkwürdigkeiten eines Nervenkranken« für die Nachwelt zu dokumentieren. Freud entdeckte den Bericht später und machte ihn zur Grundlage eines Aufsatzes zur Paranoia.

Doch das Museum hat mehr zu bieten als nur eine Lebensgeschichte. Trotz der unvermeidlichen Zwangsjacke, Elektroschocker und ähnlicher Ausstellungsstücke will man hier auf keinen Fall ein Gruselkabinett präsentieren. Der Trägerverein »Durchblick e.V.«, ein Verein für Psychiatriebetroffene, will diese Klischees auflösen, Grenzen und Möglichkeiten der Psychiatrie beleuchten und zeigt in zwei großen Räumen einer alten Stadtvilla die Geschichte ausgesuchter Einrichtungen, Ärzte und bekannter Patienten.

Adresse Mainzer Straße 7, 04107 Leipzig (Zentrum-West), www.psychiatriemuseum.de | **ÖPNV** Straßenbahn 1, 2, 14, Haltestelle Marschnerstraße | **Öffnungszeiten** Mi–Sa 13–18 Uhr und nach Vereinbarung | **Tipp** Die Geschichte der Psychiatrie macht das Museum auch zur Grundlage historischer Stadtführungen entlang der Spuren berühmter Psychiater, Psychiatriepatienten und psychiatrischer Einrichtungen.

87 _ Die Red Bull Arena
Alles neu im alten Oval

Diese weiße Schüssel dominiert das Areal des Leipziger Sportforums und das umliegende Waldstraßenviertel auf seltsam zurückhaltende Weise. Zwar ist es aus allen Richtungen zu sehen, doch aus keiner Position kann man das Stadion komplett erkennen. Direkt am Ufer des Elsterbeckens gelegen, ist es von einem grünen Ring umgeben. Man muss ganz genau hinsehen, um darin die Überbleibsel des Vorgängerbaus, des »Stadions der Hunderttausend« zu erkennen. Von einer der Brücken, die den 23 Meter hohen ehemaligen Stadionwall mit dem Neubau verbinden, sieht man noch ein paar der alten Holzbänke.

Die »Red Bull Arena« – den süßlichen Geschmack, den dieser Name auslöst, will man reflexartig mit der Wodkaflasche wegspülen – ist also ins alte Oval gezimmert worden. Der Grundstein für den Bau des Zentralstadions, so hieß es bis zum Engagement des österreichischen Energie-Brausenherstellers, der hier ein bundesligataugliches Fußballteam formen möchte, wurde 2000 gelegt. 2004 im November wurde das Stadion mit der Partie Deutschland gegen Kamerun eingeweiht, vor voll besetztem Haus. 43.000 finden jetzt auf den Klappsitzen Platz. 2005 folgte die Generalprobe im Rahmen des Confederations Cup, bevor 2006 die Welt zu Gast bei Freunden war. Das Zentralstadion war Austragungsort einiger Vorrundenspiele der Fußball-Weltmeisterschaft und des Achtelfinales zwischen Argentinien und Mexiko.

So beeindruckend die Stimmung im bis auf den letzten Platz ausverkauften Stadion war, die großen Rekorde gehen auf die Zeiten des alten Baus zurück, der bei seiner Eröffnung im Jahr 1956 der größte Europas war. Am 27. Oktober 1957 beispielsweise, als die DDR im Rahmen der WM-Qualifikation mit 1:4 gegen die Tschechoslowakei unterging, sollen bis zu 120.000 Menschen das Spiel live verfolgt haben. Absoluter Zuschauerrekord. 640.000 Vorbestellungen auf die begehrten Tickets soll es damals gegeben haben.

Adresse Am Sportforum 3, 04105 Leipzig (Zentrum-Nordwest), www.sportforum-leipzig.com | **ÖPNV** Straßenbahn 3, 7, 8, 13, 15, Haltestelle Sportforum | **Öffnungszeiten** Stadionführungen: Apr.–Sept. Mi–Sa 16 Uhr, außerhalb der Saison auf Anfrage | **Tipp** Auf der gegenüberliegenden Straßenseite befindet sich die Arena, ein Neubau. Sie ist Heimstätte der sehr erfolgreichen Erstliga-Handballfrauen des HCL und Ort für die ganz großen Hallen-Konzerte mit über 12.000 Zuschauern.

88 Der Richard-Wagner-Hain
Federball und Hörspielsommer

Während die meisten Leute in den Clarapark tingeln, bietet der Richard-Wagner-Hain, eingeklemmt zwischen dem Campus der Sportwissenschaftlichen Fakultät in der Jahnallee und dem Elsterflutbecken, eine Art alternative Parkerfahrung. Einerseits ist der Publikumsverkehr nicht ganz so groß wie auf der Grasnarbe der benachbarten Parkschwester, andererseits hört man neben dem dezenten Rattern der Straßenbahn hier auch das wohlige Rauschen des Elsterwehrs. Da man außerdem nicht ständig fürchten muss, dem Deckennachbarn auf den Kopf zu treten, kann man sich hier entspannt an der frischen Luft bewegen.

Da kommt der Zirkuswagen »Zierlich Manierlich« ins Spiel. Der steht mit dem Rücken zur Wiese mit Blick aufs Elsterbecken und gibt gegen ein geringes Pfand alle möglichen parktauglichen Sport- und Spielgeräte aus. Nach 30 Minuten Schwitzen beim Federballspielen tritt man dann gern zum zweiten Mal an den grünen Imbisswagen, der ein wenig an Peter Lustigs Behausung erinnert, und füllt das Energiedepot mit Blick auf die abendsonnig rot glitzernde Wasseroberfläche mit Biobier und Maiskolben vom Grill auf.

Ein jährliches Highlight im Richard-Wagner-Hain ist der Hörspielsommer. Der extra gegründete Verein präsentiert dort immer Ende Juli für eine Woche ein hochwertiges Hörprogramm für Kinder und Erwachsene. Von Astrid Lindgren bis Franz Kafka ist beim Hörspielsommer alles möglich. Außerdem wird in jedem Jahr ein Preis an junge Hörspielmacher vergeben, deren Arbeiten dann natürlich auch zu hören sind.

Den Namen hat der Hain übrigens von einem der berühmtesten Söhne der Stadt: Richard Wagner. Den steckt man zwar immer erst einmal nach Bayreuth, seine Kindheit, Jugend und musikalische Ausbildung genoss er aber in Leipzig. Die Stadt selbst arbeitet dieses Erbe bisher ein wenig widerwillig auf. Hat man mit Bach doch schon genug zu tun.

Adresse zwischen Jahnallee und Käthe-Kollwitz-Straße, 04109 Leipzig (Zentrum-West) | **ÖPNV** Straßenbahn 1, 2, Haltestelle Clara-Zetkin-Park, Straßenbahn 3, 7, 8, 13, 15, Haltestelle Sportforum | **Tipp** Schräg gegenüber, am anderen Ufer und auf der anderen Seite der Jahnallee, befindet sich die Kleinmesse am Cottaweg, der traditionelle Volksfestplatz. Zweimal im Jahr, im Frühjahr und Herbst, ist hier für einen ganzen Monat großer Rummel mit Fahrgeschäften und Fressbuden.

89 Das Ring-Café
Das Herz der Trutzburg

Hier riecht man noch den Dieseldunst der mattgrünen NVA-Lastwagen und sieht die widerwillig winkende Jugend des Arbeiter- und Bauernstaates am 1. Mai an der Ehrentribüne vorbeischlurfen, während die roten Arbeiterfahnen mahnend im Wind knattern.

Eine Art Triumphbogen der Arbeiterklasse hat sich die Obrigkeit der ehemaligen Bezirksstadt mit dieser monumentalen stalinistischen Ringbebauung geleistet. In bester Innenstadtlage, gegenüber vom Gewandhaus, dem Uni-Riesen und in Sichtweite zum Neuen Rathaus, lässt hier die Berliner Karl-Marx-Allee grüßen, der sozialistische Catwalk schlechthin. Wie so oft beim Aufbau der sozialistischen Stadt ging man aber nicht gerade zimperlich mit den gewachsenen Strukturen um. So ersetzte die halbrunde Trutzburg nicht nur die kriegszerstörten Bauten, sondern schnitt gleich ganze drei Straßen vom Zugang zum Ring ab. Die heutige Auguste-Schmidt-Straße, die Seeburgstraße und die Sternwartenstraße enden auf der Rückseite des siebengeschossigen Wohnkomplexes mit den zwei Türmen. Die Planungen sahen sogar vor, den ganzen Innenstadtring so einzukesseln. Verwirklicht wurde von 1954 bis 1956 aber nur diese Anlage mit 197 Wohnungen, die an dieser exponierten Stelle für damalige Verhältnisse natürlich höchsten Wohnstandard besaßen. Architekt des Ensembles war Rudolf Rohrer, den Grundstein legte der damalige Staatsratsvorsitzende und gebürtige Leipziger, Walter Ulbricht, persönlich.

Im Gegensatz dazu haben die meisten Leipziger an das zweigeschossige Ring-Café im Zentrum des Halbrunds beste Erinnerungen. Wurde man nach langem Warten platziert, eröffnete sich einem hier das damals größte Café der DDR mit 800 Sitzplätzen im Tages-Café, der Mokkadiele im Erdgeschoss und dem Konzertcafé mit separater Bar im ersten Obergeschoss. Nach langem Leerstand hat das Ring-Café 2006 wieder eine Betreiberin gefunden, öffnet allerdings nur noch zu Veranstaltungen.

Adresse Roßplatz 8/9, 04103 Leipzig (Zentrum-Südost), www.ring-cafe-leipzig.de | **ÖPNV** Straßenbahn 2, 8, 9, 10, 11, Haltestelle Wilhelm-Leuschner-Platz, Straßenbahn 4, 7, 8, 10, 11, 12, 15, 16, Haltestelle Augustusplatz | **Öffnungszeiten** nur während der Veranstaltungen | **Tipp** In der Goldschmidtstraße 12, wenige Meter hinter dem Ring-Café, befindet sich das Mendelssohn-Haus. Im Wohn- und Sterbehaus Felix Mendelssohn Bartholdys ist heute ein Museum zu Ehren des Komponisten und Kapellmeisters untergebracht.

90 — Das Riquet-Haus
Vom Sonnenkönig zu Goethe

Kaum jemand kann sich dieser exotischen Ausstrahlung entziehen. Passanten heben erstaunt den Kopf und mustern eines der ungewöhnlichsten und schönsten Gebäude der Leipziger Innenstadt. Kinder steuern gezielt auf das Haus an der Ecke Reichsstraße/Schuhmachergäßchen zu, dessen Eingang zwei lebensgroße kupferne Elefantenköpfe flankieren. Die aufwendig mit Mosaiken verzierte Jugendstilfassade des Hauses mit dem chinesisch anmutenden Pagodendach zeugt von einer bewegenden Geschichte.

Die geht bis ins späte 17. Jahrhundert zurück, nach Frankreich ins Schloss Fontainebleau zu Ludwig XIV., und beginnt tragisch: Als der Sonnenkönig dort am 18. Oktober 1685 den französischen Protestanten, den Hugenotten, die freie Religionsausübung verbietet, verlassen viele Menschen das Land. Auch die Familie Riquet flieht vor der Verfolgung und landet erst einmal in Magdeburg. Dort wird 1713 Jean George Riguet geboren, der die Stadt irgendwann in Richtung Leipzig verlässt, um hier am 15. November 1745 das »Colonial-Grosso-Geschäft« zu eröffnen, das importierten Tee, Kaffee und Gewürze aus Übersee anbietet.

Das Geschäft floriert, und größere Räumlichkeiten werden bezogen, Kakao und Schokolade gehören jetzt ebenfalls zum Sortiment und werden echte Verkaufsschlager. Auch Goethe soll zum festen Kundenstamm Riquets gehört haben und kaufte in dem Geschäft seine Lieblingsschokolade.

Nach dem Tod des Firmengründers übernahm dessen gleichnamiger Neffe, der wiederum das Unternehmen an seinen Teilhaber Christian Friedrich Meyer übergab. Der hatte nicht nur den Bau einer eigenen Kakaofabrik in Gautzsch, einem heutigen Ortsteil Markkleebergs, zu verantworten, sondern beauftragte den Architekten Paul Lang mit dem Bau eines eigenen Messe- und Geschäftshauses, dem Riquet-Haus. Nach der aufwendigen Sanierung befindet sich dort heute ein edles Café.

Adresse Schuhmachergäßchen 1, 04109 Leipzig (Zentrum), www.riquethaus.de | **ÖPNV** Straßenbahn 4, 7, 8, 10, 11, 12, 15, 16, Haltestelle Augustusplatz | **Öffnungszeiten** Café: Mo–So 9–20 Uhr | **Tipp** Die weiteren Spuren der Firma Riquet, nach der Enteignung 1946 war sie die Basis für das Konsum-Süß- und Dauerbackwarenkombinat, findet man noch heute an der Koburger Straße in Markkleeberg, wo rund um das denkmalgeschützte Kontor- und Fabrikgebäude ein neues Quartier entsteht.

91 Das Rosental
Weiter Blick in die Stadt

Eben überquert man noch den eng befahrenen, achtspurigen Innenstadtring, weicht der Straßenbahn aus, liest die Autobahnwegweiser, hört den ICE in den riesigen Kopfbahnhof rumpeln, die Bagger die nächste Großbaustelle aufreißen, schon ersetzen entspannendes Grün, Vogelgezwitscher und Elefantengetröte die urbane Szene.

Herzlich willkommen im Rosental! Keine der weitläufigen Leipziger Parkanlagen reicht so tief ins Zentrum der Stadt. Vom Zoo im Osten begrenzt, dehnt sich das Rosental weit über die Waldstraße hinaus nach Westen bis ans Ufer der Elster und des Elsterbeckens aus, wird südlich vom Elstermühlgraben und im Norden vom Lauf der Parthe eingerahmt.

Auch August der Starke, Kurfürst von Sachsen und für seine rege Bautätigkeit bekannt, entdeckte die Attraktivität des Parks auf dem ehemaligen Familiengrundstück für sich und wollte hier Anfang des 18. Jahrhunderts ein Lustschloss erbauen lassen. Die Stadtväter konnten ihn mit dem Verweis auf häufige Überschwemmungen, Räuberbanden und vor allem die jährliche Mückenplage von seinen Plänen abbringen.

Sechs der 13 für den Schlossbau angelegten Sichtschneisen erkennt man aber noch heute, sie laufen auf der Großen Wiese zusammen. Diese ist der zentrale Ort des Rosentals, hier steht die Friedenseiche, im südlichen Bereich befindet sich der Teich, und man hört, sieht und riecht die tierischen Bewohner des benachbarten Zoos. Außerdem bietet die Weite der Wiese einen angenehm distanzierten Blick auf die rege Betriebsamkeit der Messestadt.

Vor allem ganz früh am Tag im Herbst oder Frühjahr dekoriert weißer Nebel die Szene ins Unwirkliche. Der Erhalt des ursprünglichen Auenwaldbestandes mit seiner großen Vielfalt an Tier- und Pflanzenarten als Teil des Rosentals geht auf die behutsame Umgestaltung der barocken Anlage zum Landschaftspark im englischen Stil durch Rudolph Siebeck zurück, den späteren Ratsgärtner.

Adresse Zöllnerweg/Emil-Fuchs-Straße, 04105 Leipzig (Zentrum-Nordwest) | **ÖPNV** Straßenbahn 4, Haltestelle Mückenschlösschen, Straßenbahn 12, Haltestelle Zoo | **Tipp** Das Mückenschlösschen ist ein Ausflugslokal mit über 100-jähriger Geschichte, die Legende der Mücken, die August den Starken vom Schlossbau abgehalten haben sollen, ersetzte den ursprünglichen Namen des als Waldschlösschen eröffneten Restaurants.

92 Die Runde Ecke
Blick in die Abgründe

Über 10.000 Inoffizielle Mitarbeiter des Ministeriums für Staatssicherheit belauschten, betrogen und manipulierten allein im Bezirk Leipzig gerade einmal 1,4 Millionen Einwohner. Einen höheren Überwachungsschlüssel als in der DDR gab es zu Zeiten des Eisernen Vorhangs sonst nirgendwo. Vor allem im Zuge der vermeintlichen Öffnung zum Westen, dem Streben nach Anerkennung und der ständig wachsenden wirtschaftlichen Abhängigkeit wurde ein immer größerer Überwachungsapparat erforderlich, um den nötigen Anschein eines Rechtsstaates zu wahren.

Als am 4. Dezember 1989 Demonstranten die hier seit 1950 beheimatete Bezirksverwaltung der Staatssicherheit besetzten, arbeiteten in der »Runden Ecke« und im angeschlossenen Neubau 850 hauptamtliche Mitarbeiter daran, das eigene Volk zu überwachen und die inoffiziellen Handlanger zu lenken. In den letzten Tagen und Nächten des bewegten Herbstes beschränkte sich deren Aufgabe aber nur noch auf das Vernichten von Unterlagen und Verwischen von Spuren. Dem Untergang der DDR hatte man '89 aber auch im Leipziger Dittrichring nichts mehr entgegenzusetzen.

Das Bürgerkomitee, das sich noch in der Nacht der Besetzung gründete, blieb und entwickelte genau hier ein Museum, das unter dem Titel seiner Dauerausstellung »Stasi – Macht und Banalität« über die perfiden Methoden der Überwachung aufklärt und ein Magazin aus über 30.000 Stücken aus der täglichen Arbeit der Stasi verwaltet. Im Zuge der andauernden Aufarbeitung des Unrechtsstaates DDR haben sich die Stellung und die Wahrnehmung des Museums in der »Runden Ecke« aber gewandelt. Das Unmittelbare wird zur Zeitgeschichte, die Existenz der Ausstellung wird längst nicht mehr in Frage gestellt, und eine neue Generation Besucher erfährt an diesem authentischen Ort eine Episode jüngster Vergangenheit, deren Abgründigkeit nur etwas mehr als 20 Jahre später kaum noch zu fassen ist.

Adresse Dittrichring 24, 04109 Leipzig (Zentrum), www.runde-ecke-leipzig.de | **ÖPNV** Straßenbahn 9, Haltestelle Thomaskirche, Straßenbahn 1, 3, 4, 7, 9, 12, 13, 14, 15, Haltestelle Goerdelerring | **Öffnungszeiten** Mo–So 10–18 Uhr | **Tipp** Ein ganz besonderes Erlebnis ist auch der Besuch im »Stasi-Bunker«, der ehemaligen Ausweichführungsstelle der Bezirksverwaltung für Staatssicherheit. Der Bunker ist Teil des Museums in der »Runden Ecke« und befindet sich eine halbe Stunde von der Leipziger Innenstadt entfernt in Machern.

93 __ Die Russische Gedächtniskirche

Die schöne Schwester des Völkerschlachtdenkmals

Brüche im Stadtbild kennt man in Leipzig. Biegt man von der Straße des 18. Oktober, geprägt von den Plattenbauten der 1970er Jahre, nach Osten in die Semmelweisstraße ab, vorbei am Neubau der Deutschen Nationalbibliothek, findet sich im Fokus einer typisch westeuropäischen Straßenszenerie des 21. Jahrhunderts völlig überraschend ein märchenhafter russischer Kirchenbau: die Gedächtniskirche des heiligen Alexij.

Der 55 Meter hohe schlohweiße Turm mit den schuppenartig angeordneten Spitzbögen und dem prunkvollen goldenen Dach mit dem kleinen Zwiebelturm wirkt irgendwie fehl am Platz und in der Zeit. Den Innenraum der Oberkirche, die Unterkirche ist nur auf Anfrage und für Besucher mit Handicap offen, prägen die 18 Meter hohe Ikonenwand mit etwa 70 Ikonen und der 800 Kilogramm schwere Kronleuchter.

Erbaut wurde die Kirche nach den Plänen des russischen Architekten Wladimir A. Pokrowskij. Er bezog sich mit diesem Bau auf die Himmelfahrtskirche von Kolomenskoje, die auf der Welterbeliste der UNESCO steht. Der enge Bezug zum nahen Völkerschlachtdenkmal ist zumindest äußerlich nicht herzustellen. Tatsächlich verfolgen beide Bauten aber den gleichen Zweck, nämlich an den großen Einsatz der Soldaten und vor allem an die vielen Toten in der Schlacht gegen die Franzosen 1813 bei Leipzig zu erinnern. Beinahe 130.000 Russen waren am Sieg über Napoleon beteiligt, 22.000 von ihnen ließen hier ihr Leben. 100 Jahre später, am 17. Oktober 1913, wurde die Kirche nach nur zehnmonatiger Bauzeit übergeben und am Folgetag, dem Tag der Eröffnung des Völkerschlachtdenkmals, geweiht.

Und was bereits 1913 eine Postkarte verkündete, gilt auch heute noch: Verlassen Sie nie die Stadt Leipzig, ohne die Russische Gedächtniskirche zu besuchen!

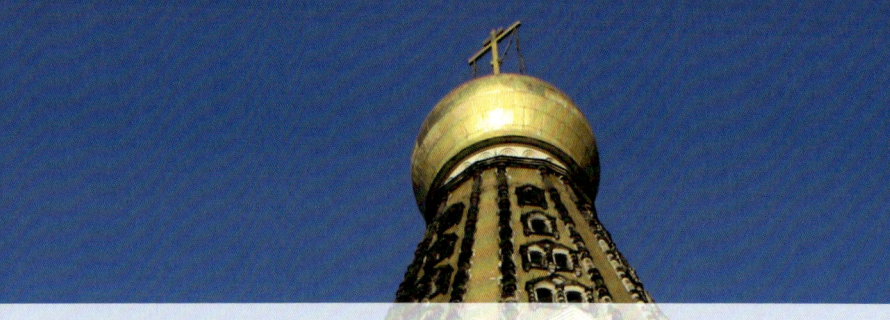

Adresse Philipp-Rosenthal-Straße 51a, 04103 Leipzig (Zentrum-Südost), www.russische-kirche-l.de | **ÖPNV** Straßenbahn 2, 16, Haltestelle Deutsche Nationalbibliothek | **Öffnungszeiten** März–Nov. 10–13, 14–17 Uhr, Dez.–Feb. 10–13, 14–16 Uhr | **Tipp** In direkter Nachbarschaft zur Kirche befindet sich der moderne BIO-Campus mit dem Max-Planck-Institut für evolutionäre Anthropologie, dem Fraunhofer-Institut für Zelltherapie und Immunologie, dem Translationszentrum für Regenerative Medizin und dem Technologie- und Gründerzentrum BIO CITY.

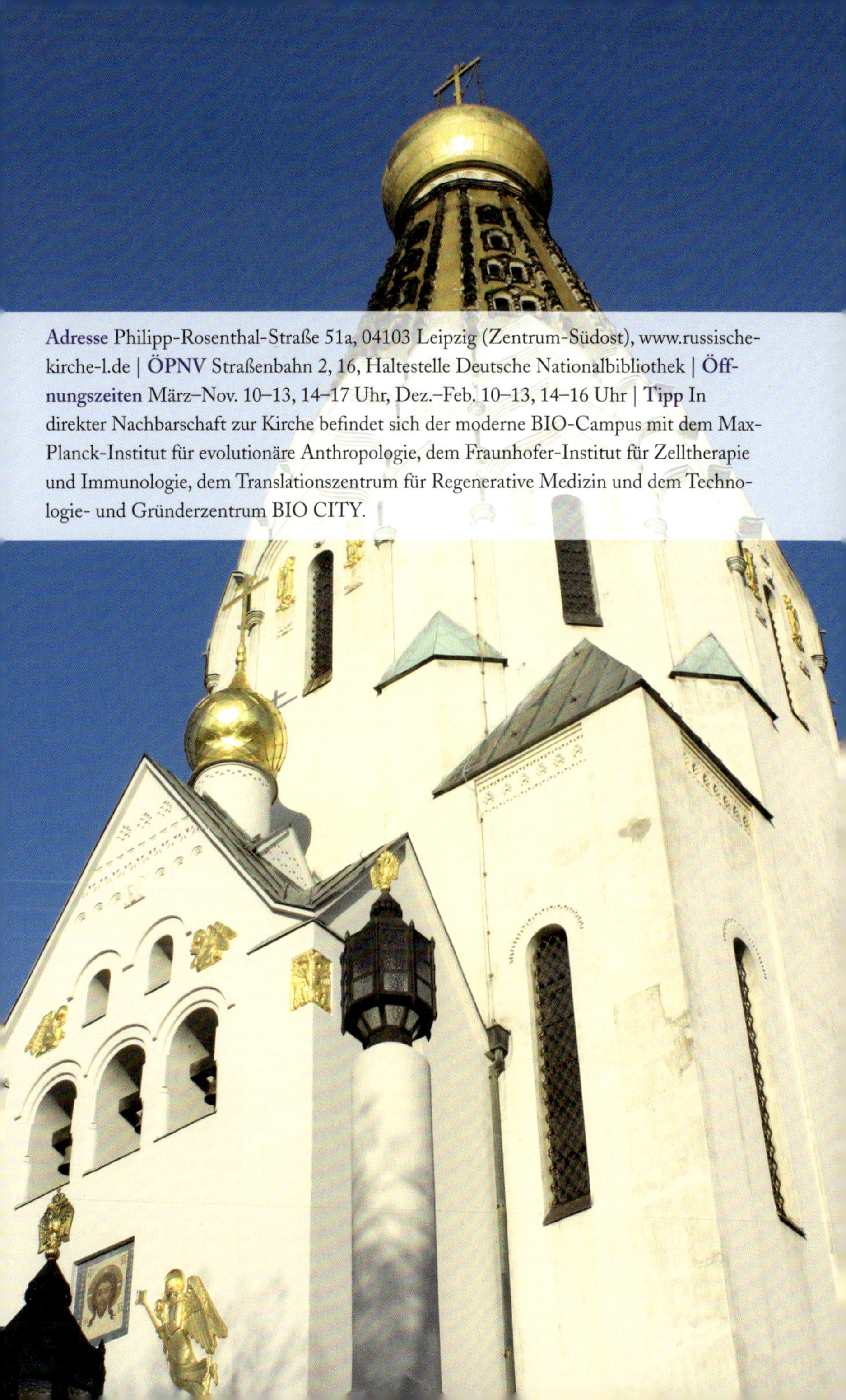

94 Die Sachsenbrücke
Verlängerte After-Work-Party am Park-Highway

Die Sachsenbrücke selbst ist nicht gerade eine Schönheit: drei solide Betonbögen, blaues Geländer, steinerne Bänke im Halbrund der Brückenköpfe. Trotzdem ist sie im Sommer zu einem der Dreh- und Angelpunkte der innerstädtischen Leipziger Parklandschaft geworden. Hier führt die Anton-Bruckner-Allee, die das Musikviertel und den Stadtteil Schleußig als eine Art Fahrrad- oder Skate-Highway verbindet, über das beschaulich durchs Grün des Claraparks dahinrauschende Elsterflutbecken.

Auf der außergewöhnlich hohen, aber dadurch äußerst bequemen Bordsteinkante sitzend, kann man von hier aus den vielen Leistungskanuten, den verzweifelt rührenden Freizeitpaddlern, den kleinen, voll besetzten Ausflugsbooten, süßen Entenfamilien, schwitzenden Fahrradfahrern und angestrengt dahinschlingernden Inlineskatern gleichzeitig zuschauen. Eine ganz unterhaltsame Abwechslung an heißen Sommertagen, an denen man sonst rücklings im Gras liegend allerhöchstens in den wenigen Schleierwolken am Himmel nach lustigen Gesichtern sucht. Und wenn die Sonne den Beton tagsüber ordentlich aufgeheizt hat, kann man es hier bei der verlängerten After-Work-Party bis spät in den Abend aushalten.

Im Sommer steht am östlichen Ende der Brücke bei passendem Wetter fast immer ein italienischer Eiswagen. Auf der gegenüberliegenden Straßenseite gibt es den wahrscheinlich besten Kaffee der Stadt an einem mobilen Kaffeestand. Wenn die mobile Versorgung am Abend dann irgendwann eingestellt wird, sind es auch nur ein paar Schritte bis in die Schleußiger Könneritzstraße. Dort gibt es einige gute Spätverkäufe, die die Getränkeversorgung für die Sitzparty unterm Sternenhimmel auf der Sachsenbrücke weiter absichern. Bis zur nächsten Kneipe, nach Hause oder nach romantisch durchwachter Nacht direkt zur Arbeit – von diesem zentralen Punkt ist man zu Fuß, mit dem Rad oder mit der Straßenbahn ruck, zuck am Ziel.

Adresse Anton-Bruckner-Allee, Höhe Elsterflutbecken, 04107 Leipzig (Zentrum-Süd)/ 04299 Leipzig (Schleußig) | **ÖPNV** Straßenbahn 1, 2, Haltestelle Klingerweg | **Tipp** Sven Börner ist mit seinem umgebauten Kaffeefahrrad nicht nur beinahe jeden Tag an der Sachsenbrücke anzutreffen, seit Ende 2011 röstet er die exquisiten Bohnen auch noch selbst in der eigenen Kaffeerösterei »RöstGut« in der Holbeinstraße 29. www.daskaffeefahrrad.de

95 Der Sowjetische Pavillon
Vom Sportpalast zur Messehalle

Eine einschüchternde Säulenfront wie ein antiker Tempel, eine viele Meter in den Himmel ragende vergoldete Spitze, gekrönt vom roten Stern der ehemaligen Sowjetrepublik. Eine martialische Kulisse. Doch der steingewordene Machtbeweis und Ausgangspunkt der Messeführungen für die sozialistische Politprominenz hat als »Achilleion« eine Geschichte, die schon vor dem Zweiten Weltkrieg beginnt.

1923 und 1924 wurde die Halle nach Entwürfen von Carl Krämer und Oskar Pusch für die Ausstellung von Werkzeugmaschinen entworfen. Der Trend zu Großsporthallen in den 20er Jahren machte in Leipzig nur vor den klammen städtischen Kassen halt. Da ein Neubau also nicht in Frage kam, schwatzte man dem Verband der Werkzeugmaschinenfabrikanten ihre Messehalle zur teilweisen Nutzung ab. Am 8. Oktober 1927 wurde die umgestaltete Sporthalle, Leipzigs erster Sportpalast, eigentlich als Übergangslösung, aber mit großem Tamtam eröffnet. Das kombinierte Konzept der Halle wurde später auch auf den Neubau der Messehalle 7 übertragen.

Das Achilleion fasste 8.000 Zuschauer, die zur Eröffnung ein vollgepacktes Kulturprogramm präsentiert bekamen. Neben einigen musikalischen Programmpunkten und den unvermeidlichen Eröffnungsreden war man in Leipzig aber vor allem auf den sportlichen Mix aus Leitathletik-, Turn- und Boxwettkämpfen gespannt. Das Radrennen auf der 180-Meter-Rundbahn wurde dann vom frisch gebackenen Box-Europameister Max Schmeling eröffnet. Nur einen Monat später stand der 22-jährige Boxstar selbst im Ring des Achilleion und schickte dort Hein Domgörgen in der siebten Runde auf die Bretter.

Nach der Kriegszerstörung wurde das Achilleion zur Frühjahrsmesse 1950, umgebaut und gekrönt mit dem Stern, als Sowjetischer Pavillon eröffnet. Heute steht der Bau leer und unter Denkmalschutz, mehr als ambitionierte Ideen gab es zur Nachnutzung noch nicht.

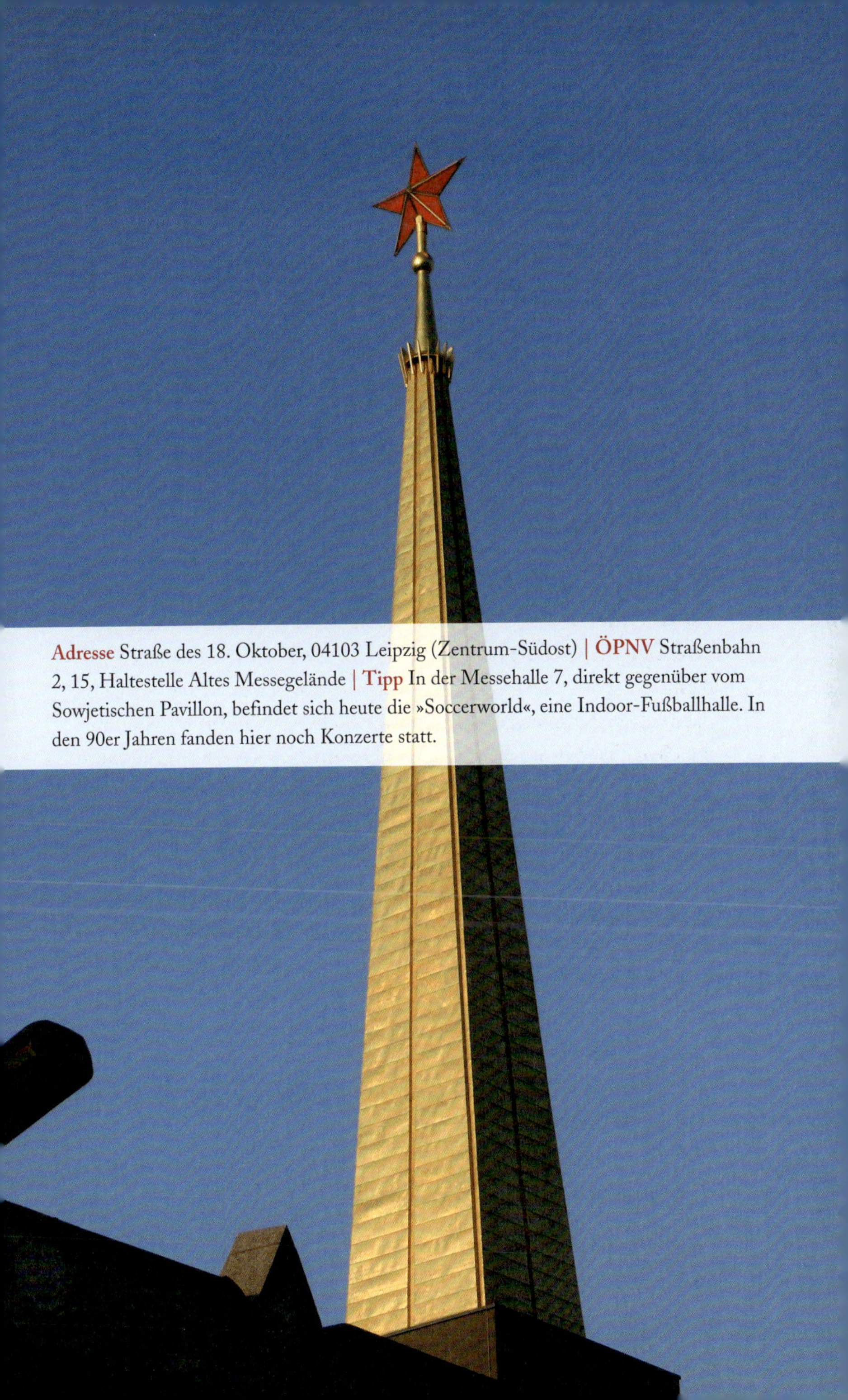

Adresse Straße des 18. Oktober, 04103 Leipzig (Zentrum-Südost) | **ÖPNV** Straßenbahn 2, 15, Haltestelle Altes Messegelände | **Tipp** In der Messehalle 7, direkt gegenüber vom Sowjetischen Pavillon, befindet sich heute die »Soccerworld«, eine Indoor-Fußballhalle. In den 90er Jahren fanden hier noch Konzerte statt.

96_ Die Spinnerei
The hottest Place on Earth

Kreativität braucht Raum, bezahlbaren Raum. Den findet man in Leipzig vor allem in den Industriebrachen im Westen. Die Baumwollspinnerei ist wohl die berühmteste Industriebrache der Stadt, nein, der Welt. Zumindest wenn man der New York Times glaubt, die Leipzig 2010 auf Platz 10 ihrer »31 Places to Go« listete, hinter der Antarktis und vor Los Angeles. »Der Kunst-Kenner wird auch den Weg in die Spinnerei finden ...«, heißt es in der Begründung. Brache trifft es also nicht mehr, die Beschreibung des Guardian von 2007 als »the hottest Place on Earth« passt da schon eher.

Knapp 20 Gebäude, zehn Hektar, 90.000 Quadratmeter Nutzfläche: Das sind die Eckdaten des Komplexes, dessen Geschichte bis ins späte 19. Jahrhundert zurückgeht. Der Bedarf an Baumwollprodukten war damals sprunghaft gestiegen, und auf dem Gelände im Westen der Stadt, das wenige Jahre vorher noch Sumpfland gewesen war, entstand eine kleine Baumwollspinnerei, die innerhalb von 25 Jahren zum größten Betrieb dieser Art auf dem gesamten Kontinent wurde.

Auch 1989 arbeiteten hier noch 1.650 Menschen, im Jahr 2000 waren es noch 40. Während die Deindustrialisierung damit ihren Höhepunkt fand, hatten sich schon Mitte der 90er erste Künstler mit ihren Ateliers in der Spinnerei eingemietet. Architekturbüros, Werkstätten, Ausstellungsräume, alternative Projekte und temporäre Theaterspielstätten kamen hinzu. Während die »Neue Leipziger Schule« für Aufsehen in der internationalen Kunstszene sorgte, war der Kauf des Geländes durch die heutige Betreibergesellschaft ein wichtiger Schritt für die gezielte Entwicklung des Standortes als künstlerischer Produktions- und Ausstellungsort.

100 Künstlerateliers, elf Galerien, Werkstätten, Architekten, Designer und vieles mehr ziehen ständig neue Akteure und Mieter an – und nicht nur während der Rundgangwochenenden Tausende Besucher aus der ganzen Welt.

Adresse Spinnereistraße 7, 04179 Leipzig (Neulindenau), www.spinnerei.de | ÖPNV Straßenbahn 14, Haltestelle Plagwitz, Straßenbahn 8, 15 bis Lindenau, Bushof | Tipp Wer öfter in der Spinnerei vorbeischauen will, der kann sich hier für die Anfahrt gleich sein Wunschfahrrad zusammenbauen lassen. Die Fahrradmanufaktur »Rotor« bietet die Möglichkeit der vollkommenen Drahtesel-Individualisierung.

97 Das Stadtbad
Sinfonie in Blau und Gold

»Ein Märchen aus 1.001 Nacht«, »Eine Sinfonie in Blau und Gold«, schwärmte die Presse 1916 bei der Eröffnung des Leipziger Stadtbades. Macht man sich heute ein Bild vom weitestgehend brachliegenden, in der Sanierung befindlichen Bau, bestätigt vor allem der Blick in die orientalische Sauna diese etwas kitschigen Einschätzungen eindrucksvoll. Befeuert wird das Ambiente knapp 100 Jahre nach Fertigstellung des Monumentalbaus nach Plänen des damaligen Stadtbaurates Otto Wilhelm Scharenberg durch die verstaubte Romantik des Leerstands. Denn obwohl der Betrieb des Bades durch den zunehmenden Verfall erst 2004 eingestellt worden ist, scheint die Struktur des ehemaligen Prestigebaus weitestgehend erhalten.

Auf einem Areal von insgesamt knapp 4.000 Quadratmetern bot das ehemals modernste Hallenbad Europas nicht nur das größte Schwimmbecken der Stadt, das Männerbecken mit einer Wasserfläche von 384 Quadratmetern und einer Tiefe von bis zu 3,65 Meter, sondern auch ein separates Frauenschwimmbecken und sogar ein Hundebad. Drei-Meter-Sprungbrett und Rutsche gehörten zum Männer- und Frauenbecken, außerdem durften die Herren auch in den Genuss einer eigenen Wellenanlage kommen, die für damalige Verhältnisse wahnsinnig hohe Wellen von bis zu einem Meter erzeugte. Ergänzt wurde der gesundheitsfördernde Ansatz einer öffentlichen Badeanstalt durch verschiedene medizinisch-therapeutische Angebote: Wannen- und Schwitzbäder, ein Turnraum, ein Inhalatorium, dazu Erfrischungsräume, ein Haarschneideraum und eine eigene Wäscherei.

Seit 2006 treibt die Förderstiftung Leipziger Stadtbad, initiiert durch die Kommunalen Wasserwerke und unterstützt durch die Stadt und privates und unternehmerisches Engagement, die Sanierung nach und nach voran. Im Rahmen von Events und für Besichtigungen ist das Bad bereits jetzt wieder zugänglich, die Neueröffnung ist für den 100-jährigen Geburtstag geplant.

Adresse Eutritzscher Straße 21, 04105 Leipzig (Zentrum-Nord), www.herz-leipzig.de | **ÖPNV** Straßenbahn 9, 10, 11, 14, 16, Haltestelle Wilhelm-Liebknecht-Platz | **Öffnungszeiten** im Rahmen der Führungen, jeden 1. Sonntag im Monat, 11 Uhr (nach Anmeldung unter Tel. 0341/9692919 oder per Mail unter info@herz-leipzig.de), oder bei individuell vereinbarten Besichtigungsterminen | **Tipp** Um die vorletzte Jahrhundertwende dehnte sich die sprunghaft anwachsende Stadt Leipzig auch nach Norden aus. Der rasterförmige Straßenverlauf zeugt davon. Im Mittelpunkt der Nordvorstadt befindet sich der Nordplatz mit der Michaeliskirche von 1904.

98 Der Südfriedhof
Riesige Parkanlage voller Geschichten

Wer schon mal im Pariser Hochsommer in Shorts über den Friedhof »Père Lachaise« geschlendert ist, auf der Suche nach besonders schönen Grabanlagen und all den Berühmtheiten, die dort ihre letzte Ruhestätte gefunden haben, der muss auch den Leipziger Südfriedhof gesehen haben: mit knapp 80 Hektar der größte der Stadt und einer der schönsten und größten Parkfriedhöfe Deutschlands.

Ein wunderbar düsterromantischer Ort voller Geschichten, in dessen verschlungenem Wegesystem man sich stundenlang gedankenverloren verlaufen kann. Die großen und kleinen Grabmäler und die mondänen Familiengräber, geschaffen in ganz unterschiedlichen Stilen und von teilweise berühmten Künstlern, zeugen von endloser Kreativität und ganz verschiedenen Formen der Trauer und des Erinnerns. Da finden sich verträumte Plastiken und ausgewachsene Findlinge, endlos Verschnörkeltes und schlicht Modernes. Alles eingefasst in ein Gelände, geprägt von teilweise exotischem Baumbestand und knapp 10.000 Rhododendronbüschen. Ein Biotop für zahllose Tierarten, vor allem für brütende Vögel.

Angelegt wurde der Südfriedhof angesichts des rasanten Bevölkerungszuwachses der Messestadt Ende des 19. Jahrhunderts nach Plänen des Architekten und Stadtbaudirektors Hugo Licht und des Gartenbaudirektors Otto Wittenberg. Die Kapelle im Zentrum der Anlage wurde von Otto Wilhelm Scharenberg in Anlehnung an das Benediktinerkloster Maria Laach in der Eifel gestaltet und beinhaltet neben den drei Trauerhallen das Krematorium und das Kolumbarium, die Urnenhalle. Anlässlich des 125-jährigen Bestehens wurde die Kapelle schrittweise saniert.

Nach der Eröffnung des Friedhofes 1886 wuchs die Akzeptanz des neuen Bestattungsortes nur sehr langsam und parallel zur Vegetation. Später wurde der Südfriedhof, ausgehend von ursprünglich 54 Hektar, mehrfach erweitert, letztmalig im Zuge des Zweiten Weltkriegs.

Adresse Friedhofsweg 3, 04299 Leipzig (Probstheida) | ÖPNV Straßenbahn 2, 15, Bus 74, Haltestelle Völkerschlachtdenkmal, Bus 70, Haltestelle An der Tabaksmühle | Öffnungszeiten Apr.–Sept. 7–21 Uhr; Okt.–März 8–18 Uhr | Tipp Verlässt man den Südfriedhof durch das kleine Südtor, steht man direkt vor der Anlage des Bruno-Plache-Stadions, der Spielort des ewigen Chemie-Rivalen 1. FC Lokomotive Leipzig. Im Gegensatz zu den unterklassig spielenden Herren hat der Verein ein Bundesliga-Frauenteam.

99__ Sweetwater
Spiel mir das Lied vom Eigenheim

So sieht der Traum vom Eigenheim aus: ein Wassergrundstück mitten in der Stadt mit eigenem Anleger und Anschluss an das atemberaubende Kanalsystem! 2006 haben die Architekten Weis & Volkmann diesen Traum wahr gemacht, haben den ehemaligen Kohlelagerplatz gegenüber den Buntgarnwerken im wahrsten Sinne des Wortes aufgerissen, einen kleinen Seitenarm angelegt und so jedem der 23 Reihenhäuser seinen eigenen Zugang zum Wasser der Weißen Elster verschafft.

Die modernen Stadthäuser fügen sich dabei bestens in die Szene ein, greifen die Klinkerfassade des Industriebaus auf, übernehmen den Farbton in der Putzgestaltung und schaffen durch groben Sichtbeton einen angenehm spröden Kontrast. Von der Holbeinstraße blickt man durch eine Art Schaufenster in das künstliche Hafenbecken gegenüber der Einmündung zum Karl-Heine-Kanal.

Wasserseitig und nur vom Boot oder von der Brücke der Industriestraße aus zu sehen, wird die Bedeutung des Objektes mit ein paar schlichten weißen Blockbuchstaben am wasserumspülten Sockel aufgeladen. »Sweetwater« steht dort, Süßwasser. Mit der einfachen Übersetzung ist es hier aber nicht getan, Sweetwater heißt auch die Ranch in Sergio Leones Italowesternhit »Spiel mir das Lied vom Tod«, der aus dem Original übersetzt eigentlich »Es war einmal im Westen« heißt. Sweetwater ist darin der zentrale Ort, das Ziel, das die Guten wie die Bösen verfolgen, die neue Station der den Westen erschließenden Eisenbahn.

Genug Stoff für mehr als eine weinselige Runde am Ufer des eigenen kleinen Flusses im Leipziger Westen. Und für den Soundtrack ist auch gesorgt, neben dem weltbekannten Mundharmonikasolo aus dem Film bieten sich da noch die Songs der etwas weniger bekannten Band »Sweetwater« an. Grundvoraussetzung für all diese Geschichten ist aber, dass jemand das »A« übermalt, das ein paar Witzbolde an die Stelle des zweiten »E« gesetzt haben.

Adresse Ecke Holbeinstraße/Industriestraße, 04299 Leipzig (Schleußig) | **ÖPNV** Straßenbahn 1, 2, Haltestelle Holbeinstraße, Bus 74, Haltestelle Karlbrücke | **Tipp** Die Speisekammer in der Holbeinstraße versorgt die Schleußiger nicht nur mit den üblichen Waren des täglichen oder nächtlichen Bedarfs, sondern hat auch ein riesiges, gut ausgesuchtes Bioangebot.

100 Das Theater der Jungen Welt

Modernes vom ältesten seiner Art

Lindenau kommt. Irgendwie. Tatsächlich weicht die Trostlosigkeit im westlichen Stadtteil langsam, entwickeln sich alternative Wohnprojekte, hier und da ein Restaurant, eine Kneipe abseits des Mitropa-Schicks vieler Läden. Doch die soziale Realität in Lindenau ist nach wie vor und auch auf Sicht durchwachsen. Hier Potenzial durch Freiräume, dort Armut durch Langzeitarbeitslosigkeit. Kein Wunder also, dass auch rechte Rattenfänger dort ihre Zelte aufschlagen. Die Nazis vis-à-vis der reformpädagogischen Gesamtschule: Das ist Lindenau.

Ein Standort mit Nachteil, aber eine Chance für richtig gutes Jugendtheater. Seit 2003 hat das Theater der Jungen Welt nach einer längeren Odyssee seine feste Heimat am Lindenauer Markt gefunden und schlägt dort und an den vielen verschiedenen Spielstätten verteilt übers ganze Stadtgebiet und darüber hinaus ordentlich Wellen. Die harmlose Ästhetik und die immer gleiche Ansprache eines Kinder- und Jugendtheaters früherer Tage hat das TdJW, ausgerechnet als ältestes seiner Art in Deutschland, längst im Fundus vergraben.

In den Sparten Schauspiel, Puppen- und Figurentheater, mit Musik- und Tanzstücken und im Rahmen pädagogischer Projekte wie Clubs und Workshops geht das Ensemble thematisch dorthin, wo sich das Leben von Kindern, Jugendlichen und Erwachsenen mit all seinen Konflikten heute abspielt. Allerdings nie ohne einen Aspekt der Hoffnung und mit dem festen Glauben daran, dass es leichter ist, junge Menschen zu unter-, als zu überfordern.

In jedem Jahr steht das Programm dabei unter einem besonderen Motto. Ob »Herzklopfen«, »Bewegung« oder ganz andere zukünftige Themen, in Form von ungewöhnlichen Partnerschaften, an ungewöhnlichen Orten und mit den passenden Stücken wird jedes Motto mit Leben gefüllt und richtet sich neben den Aufführungen am Tag gerade mit den Abendvorstellungen auch gezielt an Erwachsene.

Adresse Lindenauer Markt 21, 04177 Leipzig (Altlindenau), www.theaterderjungenweltleipzig.de | **ÖPNV** Straßenbahn 7, 8, 15, Bus 74, Haltestelle Lindenauer Markt | **Öffnungszeiten** während der Vorstellungen | **Tipp** Unter dem gleichen Dach wie das TdJW hat auch das LOFFT, der Dreh- und Angelpunkt der Leipziger Off-Theaterszene, sein Zuhause gefunden.

101 Die Uni
Moderne Hochschule mit 600 Jahren Geschichte

Was waren das für Zeiten, damals in den 90ern. Als sich die Glastüren zum Hauptgebäude der Uni erstmals öffneten: Nebelschwaden waberten durch die Gänge, rauchende junge Leute im ausgebeult-alternativen Studi-Schick, irgendwie fehl am Platz in dieser Szenerie eines nüchternen 70er-Jahre-DDR-Zweckbaus. Das sind Eindrücke, die haften bleiben.

Die 30.000 Studenten, die heute an der Universität Leipzig immatrikuliert sind, machen gänzlich andere Erfahrungen. Wer sich nicht gerade auf der Suche nach einem der Interimsgebäude irgendwo in der Stadt befindet, der kommt in den Genuss einer beinahe vollendeten, nigelnagelneuen Campus-Uni mitten im Herzen der Stadt. Eine Universität, die ihre bewegte Geschichte nicht mehr ignoriert, sondern annimmt, die Alma mater Lipsiensis, über 600 Jahre alt und damit nach Heidelberg die älteste durchgehend betriebene im Gebiet der heutigen Bundesrepublik.

Bereits in den 90ern war klar, dass bauliche Veränderungen dringend erforderlich sind. Die alten Bauten bröckelten, die Ausstattung genügte den modernen Anforderungen und der wachsenden Studentenzahl nicht mehr. Doch die Diskussionen um die Neugestaltung des Campus zogen sich beinahe über zehn Jahre. Im Mittelpunkt stand dabei vor allem die Umsetzung eines Neubaus oder der universell nutzbaren Neuinterpretation der Paulinerkirche, die 1968, um Platz für die bauliche Gestaltung der Karl-Marx-Universität zu schaffen, kurzerhand gesprengt wurde. Das Paulinum mit dem angeschlossen Augusteum des niederländischen Architekten Erick van Egeraat stellt letztendlich einen guten Kompromiss dar und steht im Mittelpunkt des neuen Campus aus saniertem Seminargebäude, neu gebautem Institutsgebäude mit Ladenzeile im Erdgeschoss, der neuen Mensa am Park und dem Hörsaalgebäude. Natürlich gibt es aber auch weiterhin zahlreiche Fakultäten an anderen Standorten in der Stadt.

Adresse Ecke Augustusplatz/Grimmaische Straße, 04109 Leipzig (Zentrum), www.uni-leipzig.de | **ÖPNV** Straßenbahn 4, 7, 8, 10, 11, 12, 15, 16, Haltestelle Augustusplatz | **Tipp** Die Nikolaistraße zwischen Uni und Hauptbahnhof ist eine gute und alternative Ergänzung zu den schicken Läden entlang der Grimmaischen und der Petersstraße. Hier ist Shopping noch eine Entdeckungsreise.

102 Das UT Connewitz
Wiederbelebtes Lichtspielhaus

2012 gibt es das UT Connewitz 100 Jahre. Damit ist das Lichtspielhaus nicht nur das älteste der Stadt, sondern eines der ältesten Kinos des Landes. Ein Haus der Kontraste zwischen dem morbiden Charme der bröckelnden Vergangenheit und der in die Zukunft strebenden Energie der Macher hinter dem Betreiberverein.

Tatsächlich musste das Haus aus dem Tiefschlaf geweckt werden, als eine kleine Interessengemeinschaft im Jahr 2000, neun Jahre nach der Schließung, die maroden Türen aufstieß. Über Monate und mit Hilfe zahlloser Freiwilliger wurde das Kino vom angefallenen Sperrmüll befreit. Bereits ein knappes halbes Jahr später, während des Connewitzer Straßenfestes, konnten erstmals wieder Filme gezeigt werden. Von einer regelmäßigen Nutzung des Hauses war der frisch gegründete »UT Connewitz e.V.« damals aber noch weit entfernt. Doch das Haus hatte eine Chance verdient. Unter den Einbauten und Verkleidungen ist der stützenfreie Stahlskelettbau zwar von der Zeit gezeichnet, aber beinahe im Original erhalten.

Wahrscheinlich waren die 625 Plätze, die das Haus einmal hatte, voll besetzt, als es am 25. Dezember 1912 mit der Premiere der Stummfilm-Romanze »Die schwarze Katze« des Dänen Viggo Larsen eröffnet wurde. Larsen, ein populärer dänischer Schauspieler, Regisseur und Produzent, war vor allem mit seiner Sherlock-Holmes-Reihe bekannt geworden. Ab 1920 hieß das als »Cammerlichtspiele« eröffnete Kino dann »Union Theater Connewitz« und war Teil des erfolgreichsten Deutschen Kinokonzerns. Zu DDR-Zeiten wurde das »Filmtheater Connewitz« dann zum Veranstaltungssaal. Konzerte fanden statt, Jugendweihen, und die Punkszene traf sich hier.

Heute zeigt das UT wieder ein ausgesuchtes Kinoprogramm, ist Raum für Lesungen, Konzerte, Theater und vieles mehr. Die Sanierung schreitet langsam und mit Hilfe von Spendern und Unterstützern voran.

Adresse Wolfgang-Heinze-Straße 12a, 04277 Leipzig (Connewitz), www.utconnewitz.de |
ÖPNV Straßenbahn 9, 10, 11, Haltestelle Connewitzer Kreuz | **Tipp** Im Versorgungsnetz der Aufbackbäcker-Ketten ist die Bäckerei und Konditorei Gey, schräg gegenüber vom UT am Connewitzer Kreuz, eine echte Perle der Authentizität und des Geschmacks. Egal ob Brötchen oder Teilchen, morgendliches Schlangestehen vor dem kleinen Geschäft lohnt sich.

103 _ Das Vogelhaus im Zoo
Entspannend Altmodisches statt Zukunft

Der Leipziger Zoo ist ein Zoo der Superlative. Gerade ist das wohl größte Projekt des bereits gut zehn Jahre andauernden Umbaus zum »Zoo der Zukunft« abgeschlossen worden. Die Tropenerlebniswelt »Gondwanaland«, benannt nach dem südlichen Urkontinent, zeigt in einer beinahe 16.500 Quadratmeter großen Halle 300 Tiere und 17.000 tropische Pflanzen in einer Landschaft aus Flüssen, Tunneln und verschlungenen Pfaden durch die wuchernde Vegetation. Alles wird umschlossen von einem spektakulären Kuppelbau, der durch seine moderne Klimatechnik permanent zwischen 24 und 26 Grad Celsius und mindestens 65 Prozent Luftfeuchtigkeit hält. Vor allem im Winter ist das eine Kur für Körper und Seele des kältegeschundenen Mitteleuropäers.

Doch das »Gondwanaland« ist nicht der einzige Magnet für die 2011 erstmals über zwei Millionen Menschen, die den Leipziger Zoo, nach einer Flaute in den 90er Jahren, jährlich besuchen. Bei gutem Wetter findet man kaum einen ruhigen Ort, und an den besucherstärksten Tagen schiebt man sich regelrecht an den Attraktionen des Zoos vorbei.

Eine Insel der Ruhe, die aufgrund ihrer etwas verschlossenen Fassade und die sie teilweise umspülende Seebärenanlage auf viele Besucher wohl eher wie ein unzugänglicher Funktionsbau wirkt, ist das Vogelhaus. Die 1969 aus Teilen des alten Antilopenhauses entstandene Anlage ist im Vergleich zu den neuen Zoobauten verschwindend klein.

Gerade deswegen hat die Freiflughalle mit ihrem Glasdach, den üppigen tropischen Pflanzen und dem kleinen Flusslauf beinahe eine meditative Ausstrahlung. Nur selten verirren sich Menschen auf dem kleinen, u-förmigen Rundkurs durch die Halle, dafür kreuzen exotische Vögel den Weg, hängen Flughunde bedrohlich von der Decke und summt, raschelt, pfeift und plätschert es wie auf der Meditations-CD des Yogastudios, nur eben in echt.

Adresse Pfaffendorfer Straße 29, 04105 Leipzig (Zentrum-Nord), www.zoo-leipzig.de | **ÖPNV** Straßenbahn 12, Haltestelle Zoo | **Öffnungszeiten** Nov.–März Mo–So 9–17 Uhr; Apr. Mo–Fr 9–18 Uhr, Sa, So, feiertags 9–19 Uhr; Mai–Sept. Mo–So 9–19 Uhr; Okt. Mo–So 9–18 Uhr | **Tipp** Tiere gucken und entspannt in der Sonne liegen kann man auch am sogenannten »Zooschaufenster« im Rosental. Von dort hat man einen guten Blick in die Kiwara-Savanne des Zoos, eine sehr schöne Außenanlage im afrikanischen Stil, bevölkert von Giraffen, Zebras, Antilopen, Straußen und anderem Getier.

104_ Das Völki
Der Bau zur Schlacht

Als Leipziger mag man Verniedlichungen, selbst solch ein klotzgroßer Monumentalbau wird sprachlich auf Spielzeuggröße geschrumpft. Also ist das einschüchternde Völkerschlachtdenkmal, zusammengehämmert aus 26.500 Natursteinblöcken und 120.000 Kubikmetern Beton zu Ehren der 120.000 Toten während oder infolge der Schlacht gegen Napoleon, eben das Völki. Niedlich!

Und das Völki wird so in der Stadt, die ja bereits Goethe als Klein-Paris bezeichnete, damals gab es das Denkmal allerdings noch nicht, zu so einer Art Sacré-Cœur de Montmartre. Da sitzen dann die jungen Leipziger, die zum Studieren Zugezogenen und die Touristen, entkorken eine gute Flasche trockenen deutschen Bieres und schauen, auf einem der breiten steinernen Geländer der Freitreppen sitzend, über den äußerst trapezförmigen See auf das vom Sonnenuntergang adäquat blutrot gefärbte 300.000 Tonnen schwere Natursteinmonstrum. Paris ist eben kein Ort, sondern eine Einstellung.

Und nach all den Projektionen und dem ideologischen Missbrauch ist es schön, dass es abseits der Denkmal- und Traditionspflege einen ganz alltäglichen Platz in der Stadt gefunden hat. Besetzt mit jungen Menschen des 21. Jahrhunderts, die an einem besonderen Ort gemeinsam in den Sonnenuntergang feiern, entspannt sich jede historische Aufladung.

Als das Völkerschlachtdenkmal am 18. Oktober 1913 nach 15 Jahren Bauzeit und pünktlich zum 100-jährigen Jahrestag der ersten großen Massenschlacht der Menschheitsgeschichte eingeweiht wurde, war das natürlich noch anders. Bruno Schmitz, der bereits das Kyffhäuser-Denkmal entworfen hatte, schuf mit dem 91 Meter hohen Bau eines der größten Denkmäler Europas.

Die Besichtigung mit dem Audioguide, gibt es an der Kasse, ist empfehlenswert und dank feinstem Sächsisch auch äußerst unterhaltsam. Der Blick von der Aussichtsplattform ist sensationell.

Adresse Straße des 18. Oktober 100, 04103 Leipzig (Zentrum-Südost), www.stadtgeschichtliches-museum-leipzig.de | **ÖPNV** Straßenbahn 2, 15, Haltestelle Völkerschlachtdenkmal | **Öffnungszeiten** Apr.–Okt., Mo–So 10–18 Uhr; Nov.–März, Mo–So 10–16 Uhr | **Tipp** Der nahe Napoleonstein vor der Einfahrt zum Südfriedhof steht an der Stelle der während der Völkerschlacht zerstörten Quandtschen Tabaksmühle, die Befehlsstand des Kaisers war.

105 Der Wackelturm
Wackliger Blick übers Rosental

Man muss schon sehr genau wissen, wo sich dieser Turm befindet. Das Rosental ist an dieser Stelle ziemlich dicht bewachsen, und das Wegesystem ist weit verzweigt. Irgendwann stößt man aber auf einen kleinen Hügel. Aber wie bei jedem Hügel in Leipzig brauchte es auch bei diesem eine große Kraftanstrengung und eine Menge Material, um einen künstlichen Höhenunterschied ins flache Land zu zaubern. 60.000 Pferdefuhren Hausmüll waren angeblich notwendig, um Ende des 19. Jahrhunderts einen 20 Meter hohen Berg aufzutürmen, vom Volksmund dann auch Scherbelberg getauft.

Und da die Bezeichnungen des Volkes meist geradeaus und alles andere als subtil sind, ahnt man auch schnell, was neben seiner außergewöhnlichen Form das Besondere am »Wackelturm« ist: Der verdammte Turm wackelt. Doch Metall ist besser als Holz, dachte man sich sicher 1975, als man hier wieder einen Aussichtsturm bauen wollte. Der Vorgänger vom Leipziger Architekten Hugo Licht war 1943 im Zuge massiver Bombenangriffe abgebrannt, und jetzt sollte es etwas für die Ewigkeit sein.

Erklimmt man die Stahlkonstruktion aber bei starkem Wind, gemeinsam mit einer Schulklasse aus Halbwüchsigen oder – noch schlimmer – mit nur einem besonders schweren Begleiter, wird der Wackelturm in Schwingung versetzt und macht seinem Namen alle Ehre. Den passionierten Freikletterer oder die geübte Seiltänzerin wird das wiederum nicht zum Schwingen bringen, doch addiert man die 20 Meter des Hügels und die 20 Meter des Turms, befindet man sich hier vom festen Waldboden aus gesehen auf 40 Meter Höhe, weit über den Baumkronen des Auenwaldes. Was hier schlecht für den Magen ist, ist aber gut fürs Auge. Die Aussicht so knapp überm dichten Blätterdach ist wirklich wunderschön. Und wenn man sich bei der meditativen Rundumsicht ein wenig entspannt hat, dann macht es doch große Freude, den Turm beim Abstieg zum Wackeln zu bringen.

Adresse Marienweg, hinter dem Klärwerk, nördlich der Leutzscher Allee und westlich der Waldstraße, 04105 Leipzig (Zentrum-Nordwest) | **ÖPNV** Straßenbahn 4, Haltestelle Mückenschlösschen | **Tipp** Am Fuß des Hügels befindet sich ein gut ausgestatteter, romantischer Grillplatz.

106 — Das Waldstraßenviertel
Gebrochene Gründerzeitidylle

Kein Kiez, sondern ein perfektes Viertel. Hier findet man auch als Neuleipziger einen entspannten Einstieg in die Stadt. Hier sind die Nachbarschaft kultiviert und der Lebensstandard hoch. Doch sieht man von den perfekt sanierten Gründerzeitfassaden ab, sind es auch hier die kleinen und großen Brüche, die dem Ort die nötige Spannung verleihen.

Die Red Bull Arena, also das Zentralstadion, ist so ein Bruch. Für sich genommen ein durchaus gelungener, moderner Stadionbau, wirkt er in der Gründerzeitidylle des Waldstraßenviertels wie ein Ufo aus H. G. Wells' »Krieg der Welten«. Mit verblüffend ähnlich aussehenden, futuristischen Landemaschinen wollen außerirdische Invasoren in der Geschichte von 1898 die altmodische Erde erobern. Etwa zur gleichen Zeit der Veröffentlichung von Wells' Bestseller wuchs das Waldstraßenviertel zu einem der heute noch größten zusammenhängenden Gründerzeitviertel Europas an, vollgepackt mit aufwendig gestalteten Fassaden voller faszinierender Details des Klassizismus, Historismus und des Jugendstils.

Ein anderer angenehmer Bruch der gründerzeitlichen Idylle ist die Jahnallee. Aufgrund des hohen Verkehrsaufkommens auf der Verbindungsachse zu den westlichen Stadtteilen haben hier die Investoren noch nicht jedes Haus auf Hochglanz poliert. Das hält die Mieten niedrig und gibt einen Einblick in die Zeit vor der Generalsanierung. So findet man hier eine für ein Viertel dieser Art ungewöhnlich hohe Dichte an kleinen Läden mit schrägen Angeboten, Asia-Snacks und Dönerbuden.

Die Waldstraße, die am Waldplatz in Richtung Gohlis abbiegt, bietet das schicke Gegengewicht. Neben seiner architektonischen Schönheit spricht vor allem die Nähe zum Rosental für das Waldstraßenviertel. Wahrscheinlich der perfekte Ort für fußballverrückte Zahnarztfrauen mit einer Schwäche für Lamm vom türkischen Drehspieß.

Adresse Waldstraße/Jahnallee, 04105 Leipzig (Zentrum-Nordwest) | **ÖPNV** Straßenbahn 3, 4, 7, 8, 13, 15, Haltestelle Waldplatz | **Tipp** Softeis in der Waldstraße 38 ist ein Muss. Während der Saison gibt es hier ein bewusst begrenztes Angebot täglich wechselnder, hausgemachter Sorten.

107 Der Wasserspielplatz
Nervenkitzel für Kinder und Eltern

Man muss das wirklich wollen. Doch selbst bei dem guten Angebot an Spielplätzen sind irgendwann nicht nur die Großstadtkinder, sondern auch deren Eltern von den Sandkastenwüsten, Schaukeln und Klettertürmen gelangweilt. Also packt man Wechselsachen und Handtücher ein, ein Sammelsurium an Schippen und Förmchen und lässt das Kind zum ersten Mal auf den Wasserspielplatz am Rennbahnweg los.

Die elterlichen Nerven sollten stabil sein, denn an diesem Ort wird jedes noch so zurückhaltende, blond gelockte, elfengleiche Wesen zum Schwein. Nicht nur äußerlich, damit rechnet man ja fest, auch darüber hinaus gehen die Kinder beim Kampf um den Platz an der Quelle bis an ihre Grenzen. Hat sich der Nachwuchs aber irgendwann unter dem stolzen Blick und vielleicht auch mit ein wenig Hilfe der lieben Eltern einen Platz an der Kurbel erobert, steuert er oder sie von hier aus die Wasserversorgung des gesamten ausgeklügelten Systems aus kleinen Kanälen und Wasserspielen. Ein guter Ort für zukünftige Weltherrscherinnen oder Weltherrscher. Eigentlich aber auch ein guter Ort für deren Eltern.

Man sitzt unter schattigen Bäumen, die Versorgung des Kiosks ist rustikal, aber nahrhaft. An heißen Tagen kann man den Spross anstiften, mit dem Plastikeimer die elterlichen Füße zu kühlen. Und man hat das gute Gefühl, dass die Kinder hier tatsächlich ihren Erfahrungshorizont erweitern. Genauso will es das Konzept seit der Umgestaltung des Spielplatzes. Kinder sollen im »Energielabyrinth« durch Kurbeln ihre eigene Energie in Wasserenergie umwandeln und das Wasser dann durch geschicktes Stauen und Lenken zu den verschiedenen Mühlen, Wippen oder Schleudern leiten. Ein gutes Konzept, das man als Eltern bestenfalls zurückhaltend begleitet, mit dem Handtuch in der einen und, man weiß ja nie, der Pflasterbox in der anderen Hand. Kletterparcours und Röhrendschungel bieten alternativ trockenen Spielspaß.

Adresse Karl-Tauchnitz-Straße/Rennbahnweg, 04107 Leipzig (Zentrum-Süd) | **ÖPNV** Bus 89, Haltestelle Telemannstraße, Bus 74, 60, Haltestelle Rennbahn | **Tipp** Bei Überfüllung und drohendem Tinnitus sei der deutlich kleinere, deutlich idyllischere Spielplatz empfohlen. Etwa 200 bis 300 Meter westlich, etwas tiefer im Park, bietet dieser Sand, ein paar Rutschen, Bänke und Ruhe.

108 Das Werk 2
Industrieromantische Kulturfabrik

Natürlich kann man dem Werk 2 am Connewitzer Kreuz zu jeder Jahreszeit einen Besuch abstatten. Eine besonders gute Möglichkeit, die industrieromantische Kulturfabrik mit all ihren Angeboten und Nischen kennenzulernen, ist der alljährliche Weihnachtsmarkt. Im Kerzenschein, bei Glühwein, Bratwurst oder veganer Gemüsepfanne werden die Schönheit des Geländes und der Geist des Vereins besonders gut sichtbar: In seiner ganzen soziokulturellen Mischung von der Druckwerkstatt bis zur Glasbläserei, vom musikalischen Hotspot zur Theaterbühne.

Das Werk 2 hat aber auch abseits der weihnachtlichen Versöhnung eine gute integrative Kraft. An diesem Ort zwischen Südvorstadt und Connewitz braucht es das auch. Hier sprühen die Sprayer, hübsch organisiert vom integrierten Zubehörshop, daneben klappern die Tastaturen des Computerclubs für Senioren, während in den Büroräumen Kreativarbeiter die Volkswirtschaft befeuern. Im »Conn-Stanze« trifft man sich abends und bringt sich trinkend und essend vor dem Konzert/Theaterstück/Kinofilm in Stimmung.

Vor allem die Konzerte dürften einer breiten Öffentlichkeit in Erinnerung sein. Auf der Website des Werk 2 kann man das 20 Jahre umfassende Archiv nostalgisch nach jedem einzelnen Auftritt durchforsten und wird auf zahllose bekannte Namen stoßen. Die große Halle hat trotz anspruchsvoller Akustik eine gute Atmosphäre und mit einem Fassungsvermögen von über 1.000 Leuten eine perfekte Clubgröße (die kleine fasst 450 Menschen). Sie ist ideal für Bands auf dem Weg in die ganz großen Hallen oder für Musiker mit Interesse an der Nähe zum Publikum. Vor allem die Gothic- und New-Wave-Szene mag das Werk 2, aber auch Bands wie Fettes Brot, Wir sind Helden, die Bloodhound Gang oder Comedians wie Michael Mittermeier oder Atze Schröder waren schon hier. Die Geschichte der ehemaligen Gasmesserfabrik geht übrigens bis ins 19. Jahrhundert zurück.

Adresse Kochstraße 132, 04277 Leipzig (Connewitz), www.werk-2.de | **ÖPNV** Straßenbahn 9, 10, 11, Haltestelle Connewitzer Kreuz | **Tipp** Die Südbrause, direkt gegenüber dem Eingang zum Werk 2, ist ein ehemaliges Volksbrausebad, erbaut gegen Ende des 19. Jahrhunderts. 2000 wurde es zur Gaststätte umgebaut. Der gemütliche Innenraum mit der großen Galerie wird durch eine kleine Terrasse und einen großen Freisitz ergänzt.

109 __ Das Westin
Die Japaner waren's

Im Osten war man daran gewöhnt, sich die Nase an den Schaufenstern zum Westen platt zu drücken. Dabei ist es nicht so, dass man nicht konnte. Vielmehr hat man einfach alles, was nicht zur Grundversorgung der Bevölkerung benötigt wurde, zur Devisenbeschaffung ins Ausland verkauft.

1978 vergab Honecker bei einem Besuch in Japan den Auftrag, ein Fünf-Sterne-Hotel in Leipzig zu bauen, das eben den Zweck verfolgte, harte Währung zu generieren. Mit zig Tonnen Beton aus Westberlin wurde das 96 Meter hohe Interhotel »Merkur« hochgezogen. Vielleicht ist es die Ironie der Geschichte, dass pünktlich zur Frühjahrsmesse 1981 trotz japanischer Architekten und westdeutschen Betons ein Plattenbau übergeben wurde, der denen der DDR-Wohnungsbauprogramme gar nicht so unähnlich war. Innen war das Interhotel allerdings eine Oase in der Konsumwüste des real existierenden Sozialismus. Denn wo mit D-Mark bezahlt wurde, da war nichts unmöglich, selbst das obligatorische Schlangestehen im Restaurant gab es hier nicht. Beinahe 700 Mitarbeiter kümmerten sich damals um das Wohl der weitestgehend ausländischen Gäste in über 400 Zimmern auf 27 Etagen. Und käuflich war beinahe alles.

Mittlerweile ist aus dem Merkur das Vier-Sterne-Haus Westin geworden. Nicht einmal ein Drittel des Mitarbeiteraufkommens von einst benötigt man heute noch, um den Betrieb am Laufen zu halten. An die Ursprünge des Hotels erinnern lediglich noch das japanische Restaurant, das es hier von Beginn an gab, und ein Relief in der Lobby. Ansonsten ist das Hotel saniert und durchweg umgelabelt. Klingt, sieht aus und riecht wie ein Westin im besten Sinne der Marketingstrategen. Die haben das Hotel zu einem viel beachteten, gut gebuchten und preisgekrönten Business- und Tagungshotel gemacht. Neben einigen Bars und Restaurants beheimatet es mit dem »Falco« auch das einzige ostdeutsche Restaurant mit zwei Sternen des Michelin Guides.

Adresse Gerberstraße 15, 04105 Leipzig (Zentrum-Nord) | **ÖPNV** nahezu alle Straßenbahn-Linien führen zum nahen Hauptbahnhof | **Tipp** Während das Westin auch nach der Wende floriert, steht das Astoria, nur wenige Meter stadteinwärts entfernt, seit 15 Jahren leer. Früher war der Bau von 1915 die Edelabsteige schlechthin: 1988 hat hier Diego Maradona übernachtet, als er mit dem SC Neapel im Europapokal gegen den 1. FC Lok Leipzig spielte.

110 Das Westwerk
Am Puls des neuen Leipzig

Wenn man sich als Tourist oder als Bewohner nach Besichtigung all der sehenswerten Sehenswürdigkeiten oder nach vielen Jahren alltäglichen Lebens in einem der lebenswerten Viertel immer noch oder immer mal wieder fragt, was Leipzig von all den anderen Halbmillionenstädten in Deutschland unterscheidet, dann sollte man in den Westen gehen. In den Westen der Stadt! In die Karl-Heine-Straße. Nirgendwo sonst kriegt man eine so gute Ahnung, ein so gutes Gefühl vom neuen Leipzig, abseits von Bach, Völkerschlacht oder Herbst '89.

Die Szene aus Künstlern und Kreativarbeitern, die sich hier verdichtet, ist weltoffen, innovativ und erfrischend frei vom üblichen avantgardistischen Pathos anderer Kunstmetropolen. Hier vermischt sich Schräges und Abgehobenes mit dem geerdeten Pragmatismus der Sachsen. Besonders gut erklärt sich das bei den regelmäßigen Trödel-Kunst-Kultur-Events »Westpaket«. Da präsentieren sich Galerien, Kneipen, Fahrrad- oder Musikläden vollkommen uneitel zwischen Krempel und Kunst.

Eines der Zentren der Straße ist das Westwerk, gelegen am Schnittpunkt des Karl-Heine-Kanals und der Karl-Heine-Straße. Das Gelände mit den teilweise über 130 Jahre alten Industriebauten bietet, organisiert durch eine speziell zu diesem Zweck gegründete GmbH, kostengünstigen Raum für alle möglichen Unternehmungen. In der ehemaligen Armaturenfabrik, zu der seit 1939 auch der benachbarte frühere Plagwitzer Straßenbahnhof gehört, werden seit 2007 im Zuge einer schrittweisen Sanierung Ateliers, Werkstätten, Galerien, Büros und Geschäfte eingerichtet. Das große Angebot relativ gut erhaltener und äußerst spannender Hallen und Häuser auf dem Gelände gibt den Eigentümern die Möglichkeit, für die ganz individuellen Bedürfnisse der Mieter die passende Fläche zu finden. Die Idee eines Ortes für junge Kunst- und Kulturschaffende soll im Westwerk auch zukünftig erhalten bleiben.

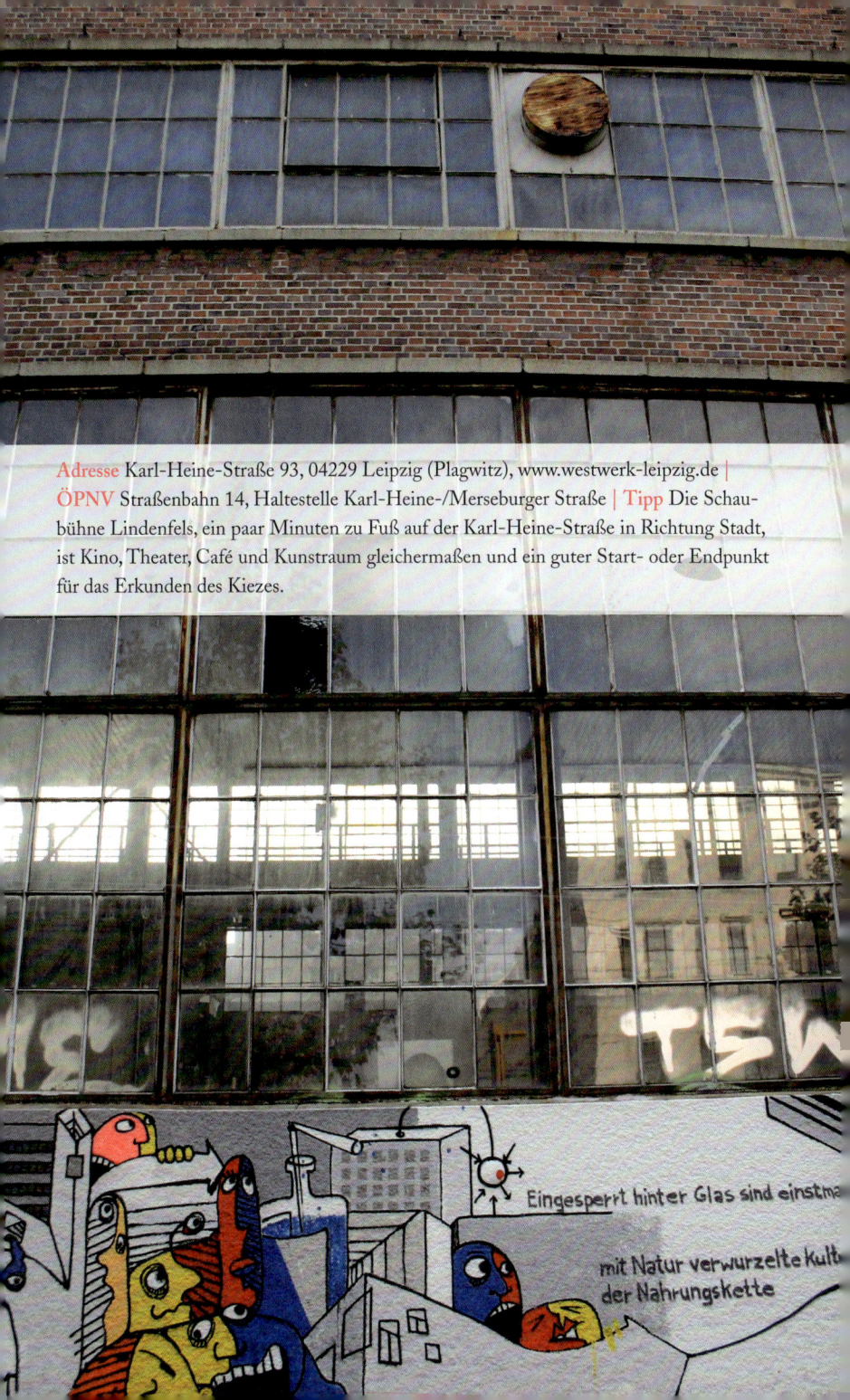

Adresse Karl-Heine-Straße 93, 04229 Leipzig (Plagwitz), www.westwerk-leipzig.de | **ÖPNV** Straßenbahn 14, Haltestelle Karl-Heine-/Merseburger Straße | **Tipp** Die Schaubühne Lindenfels, ein paar Minuten zu Fuß auf der Karl-Heine-Straße in Richtung Stadt, ist Kino, Theater, Café und Kunstraum gleichermaßen und ein guter Start- oder Endpunkt für das Erkunden des Kiezes.

111 Der Wilhelm-Leuschner-Platz

Yeah, Yeah, Yeah

»Mit der Monotonie des Yeah, Yeah, Yeah, und wie das alles heißt, sollte man doch Schluss machen«, verkündete Walter Ulbricht 1965 und ließ auch in Leipzig 54 der offiziell registrierten 58 sogenannten Beatbands verbieten. Nun zeichnete sich die Jugend der DDR nicht gerade durch heißblütigen Ungehorsam aus, aber was zu viel war, war zu viel. Zumindest für zwei junge Markkleeberger, die mit einer kleinen Auflage handgestempelter Flugblätter zur einer Demonstration gegen das Verbot auf dem Wilhelm-Leuschner-Platz aufriefen.

Die kleine Auflage des Krawallblattes hätte sicher kaum eine nennenswerte Ansammlung verursachen können, aber die DDR-Führung hatte so gar kein Gefühl für ihre Menschen, schon gar nicht für die jungen. Also übernahm die Staatsmacht das, was die zwei Freunde der Beatmusik kaum zustande bekommen hätten, und ließ über Presse und Lehrerschaft die Teilnahme an der Demonstration verbieten. Mittlerweile weiß man, dass es schlechte PR nicht gibt, und so zog die verbotene Beatrevolte am 31. Oktober 1965 über 2.000 junge Leute auf den Wilhelm-Leuschner-Platz, von denen letztendlich nur ein Bruchteil der Szene zuzuordnen war. Nachdem die Demonstranten, wie ihnen über Lautsprecherwagen geheißen, die Straße verließen und sich auf den Fußweg begaben, fuhr die Polizei mit großem Aufgebot vor, knüppelte, brachte Wasserwerfer zum Einsatz und verhaftete knapp 300 Jugendliche, von denen gut ein Drittel zur wochenlangen Zwangsarbeit verdonnert wurde.

Nun soll ein Teil des Wilhelm-Leuschner-Platzes für das Freiheits- und Einheitsdenkmal genutzt werden, trotz aller Diskussionen gerade angesichts dieser Geschichte ein guter Ort. Im Zuge der weiteren Neugestaltung des Platzes sind neben dem Zugang zum Citytunnel auch der Bau einer Markthalle am historischen Standort und die Integration des Bowlingtreffs geplant.

Adresse Wilhelm-Leuschner-Platz, 04107 Leipzig (Zentrum-Süd) | **ÖPNV** Straßenbahn 2, 8, 9, 10, 11, Haltestelle Wilhelm-Leuschner-Platz | **Tipp** Auf der anderen Seite des Petersteinweges, direkt gegenüber vom Wilhelm-Leuschner-Platz, entsteht bis Ende 2013 die neue Propsteikirche St. Trinitatis; die ursprüngliche Kirche wurde im Zweiten Weltkrieg zerstört.

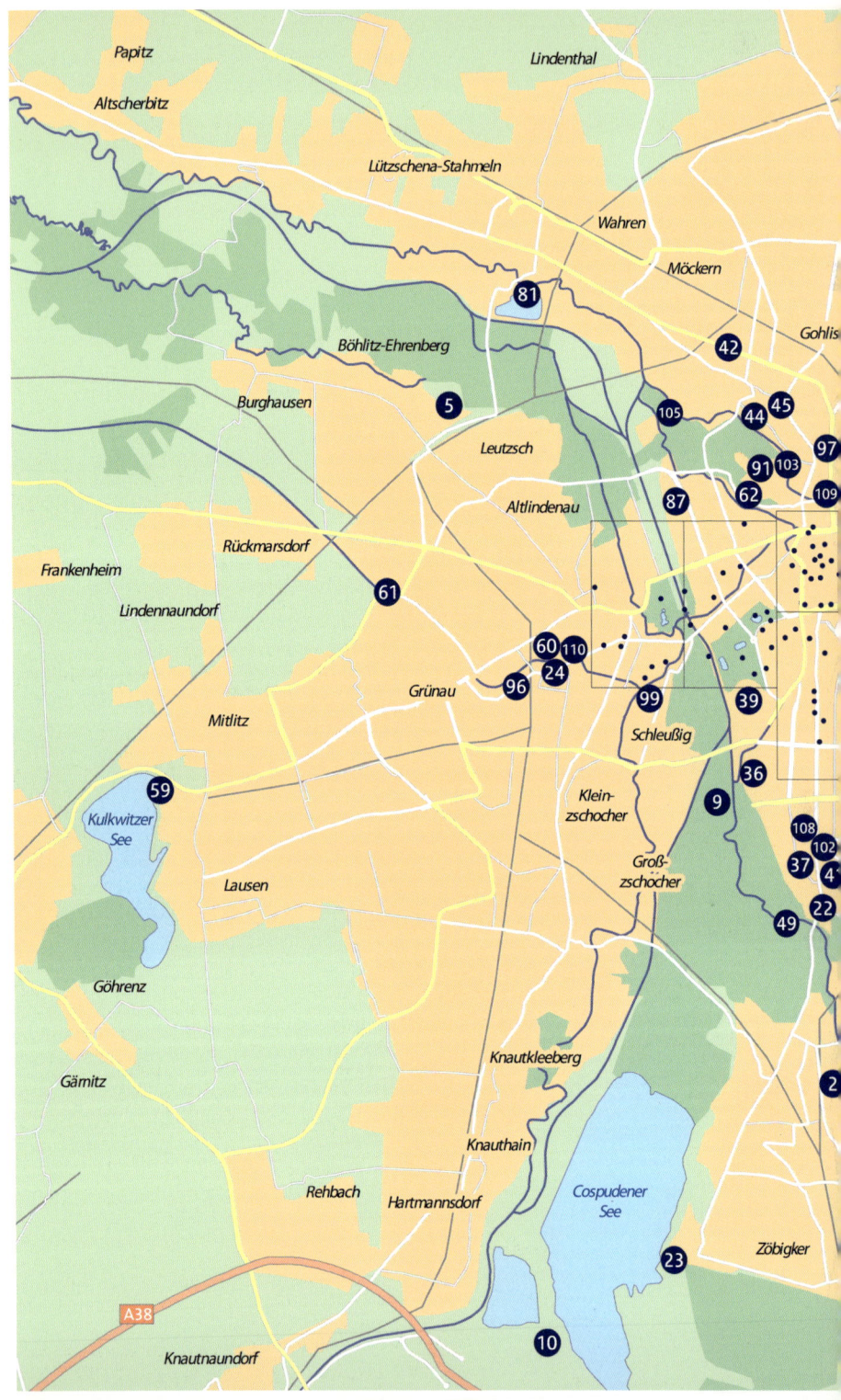

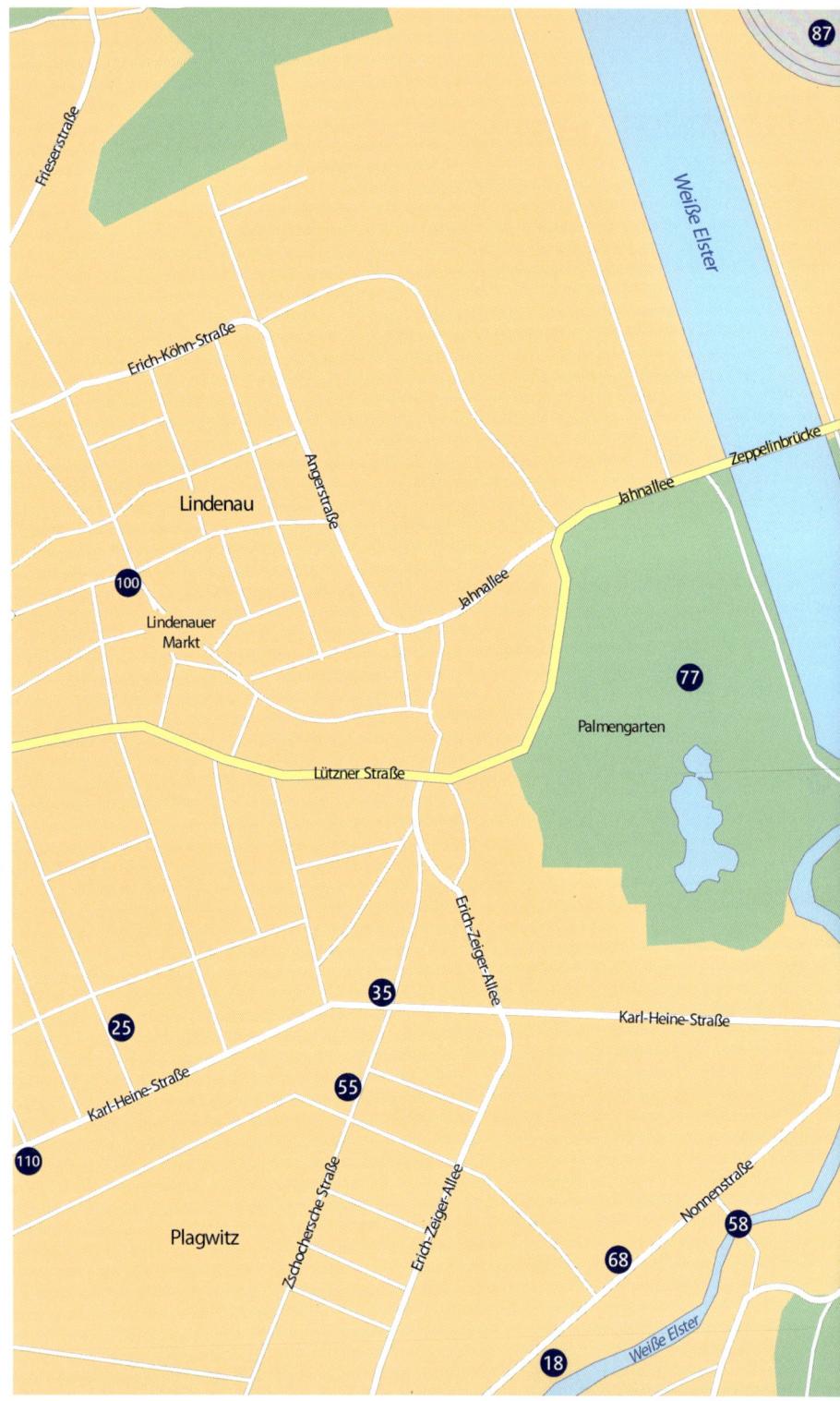

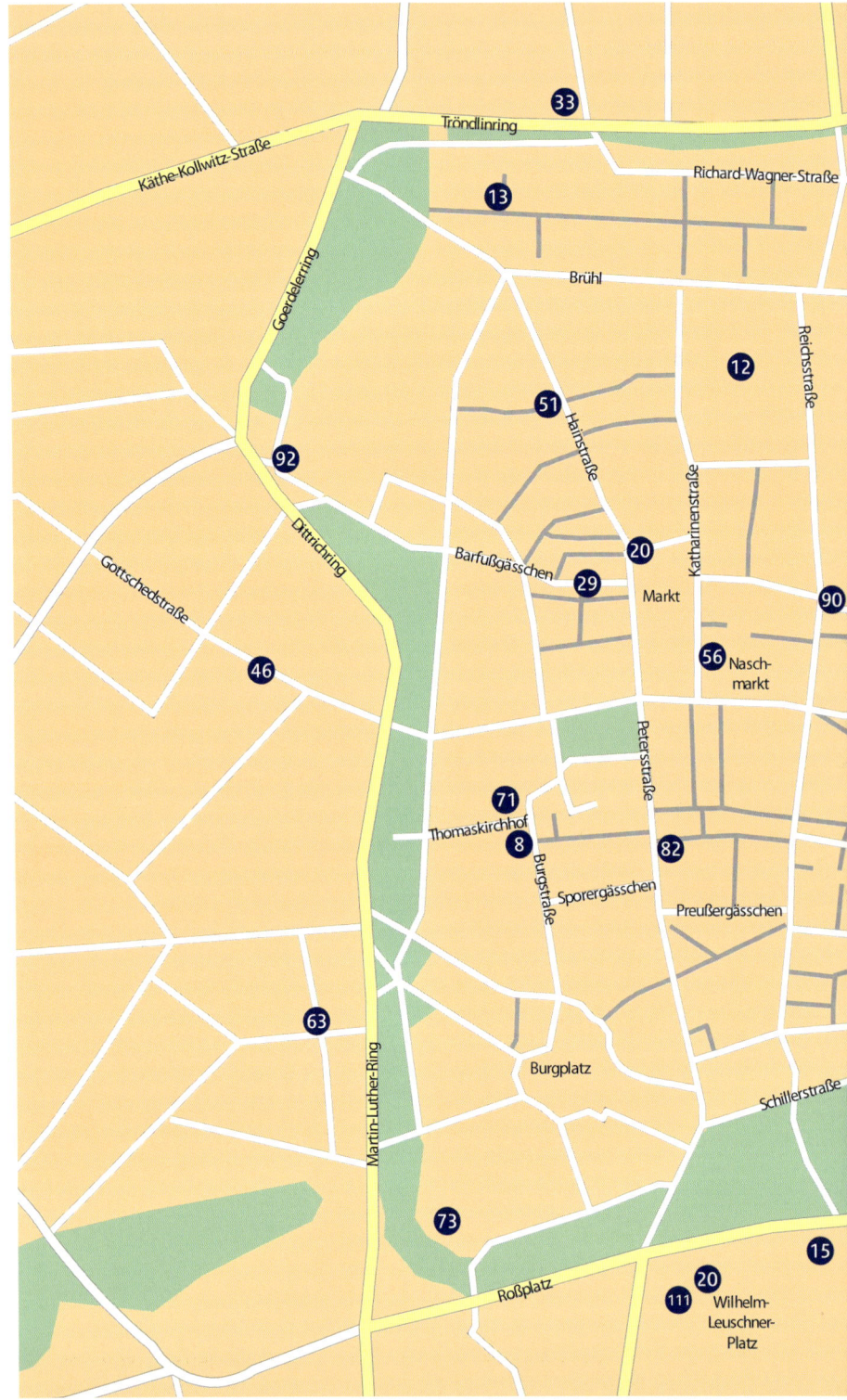

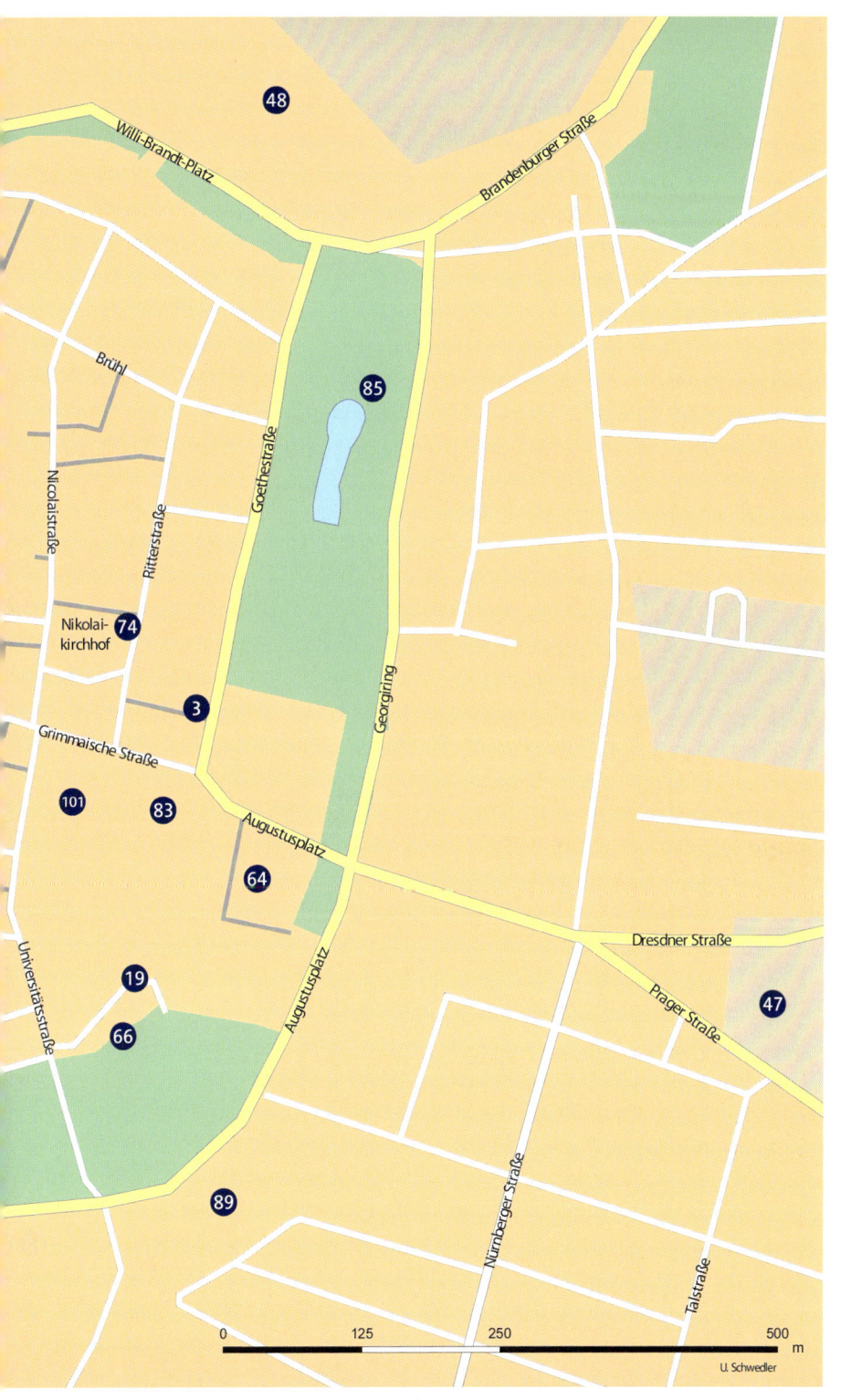

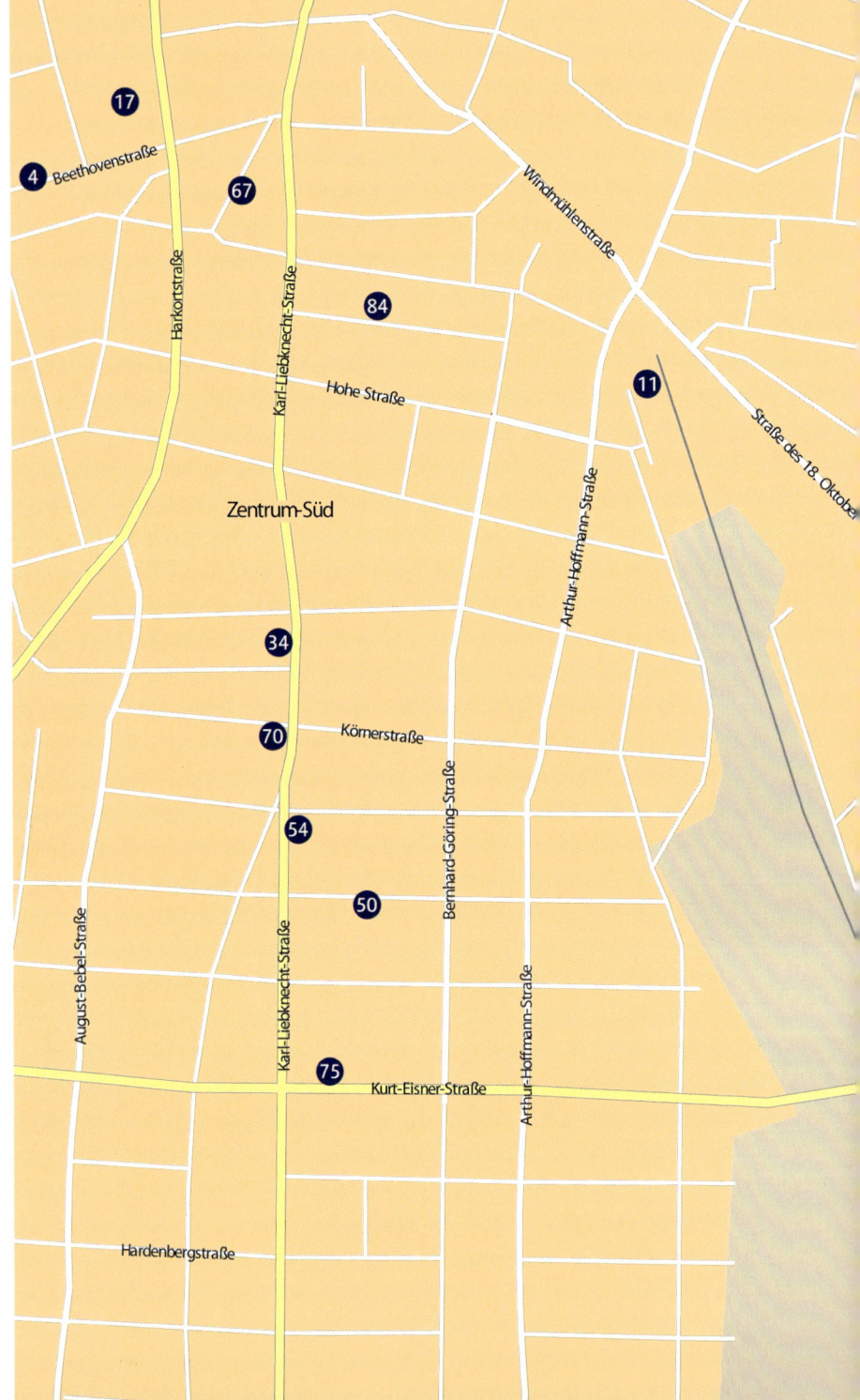

Der Autor

Oliver Schröter, 1977 in Dessau geboren, arbeitet und lebt als freier Autor, Journalist und Texter mit seiner Familie in Leipzig. Mit der Messestadt verbinden ihn eine über 15-jährige On-off-Beziehung und mittlerweile echtes Heimatgefühl.

Oliver Schröter
**111 ORTE IN SACHSEN,
DIE MAN GESEHEN HABEN
MUSS**
Broschur, 240 Seiten
ISBN 978-3-95451-021-4

»Es den Touristen zu überlassen, wäre viel zu schade. Es eignet sich bestens für den Einheimischen. Vor allem aber öffnet es die Augen – für tolle Orte vor der Haustür.«   Freie Presse

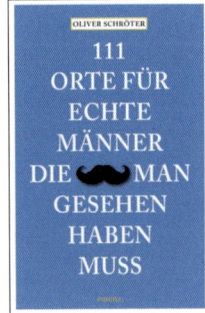

Oliver Schröter
**111 ORTE FÜR ECHTE
MÄNNER, DIE MAN
GESEHEN HABEN MUSS**
Broschur, 240 Seiten
ISBN 978-3-95451-228-7